기적의

네모네모 로직

nemonemo logic

제우미디어 편저

20년 넘게 독자님들께 큰 사랑을 받아온 네모네모 로직! 성원에 보답하고자 특별판을 준비했습니다.
그동안 출간된 네모네모 로직 가운데 가장 완성도 높고 아름다운 문제들을 엄선하고
새롭게 준비한 아기자기한 문제들까지 함께 만나보세요.

nemonemo logic 입문편

Contents

nemonemo logic 입문편

네모네모 로직 실전 풀이법

설명의 순서대로 한 번만 따라 칠해보면 로직 해법을 마스터할 수 있습니다!

한번만 따라하면 해법이 머리에 쏘옥~

■ 기본 규칙

- 숫자는 연속해서 칠해야 하는 칸 수를 의미한다.
- 여러 개의 숫자가 함께 있을 때는, 숫자와 숫자 사이에 반드시 한 칸 이상을 띄고 칠해야 한다.
- 확실히 칠할 수 없는 칸은 X로 표시해 두자.
- 완성된 숫자는 O로 표시해 두자.

직접 네모 속에 칠해 주세요!

자! 펜을 들고 따라해 봅시다!

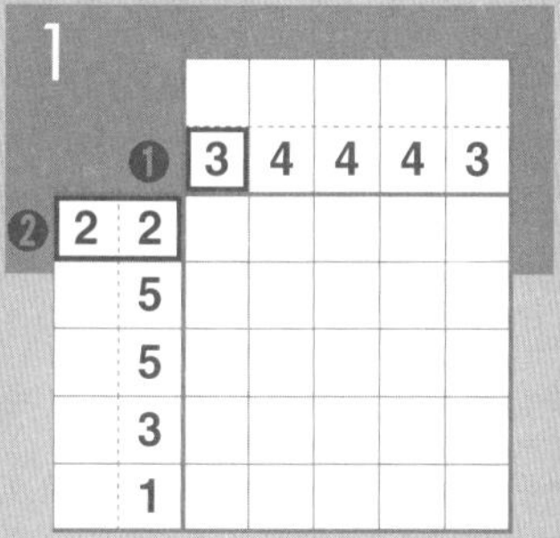

일단 문제를 보자. 문제의 크기는 5X5이다.

❶ 위쪽의 3은, 한 줄인 다섯 칸 중에서 세 칸이 연속해서 칠해져야 한다는 뜻이다.

❷ 왼쪽의 2, 2는 두 칸을 칠한 후, **한 칸 이상을 띄고** 다시 두 칸을 칠해야 한다는 뜻이다.

왼쪽의 5는 다섯 칸이 연속해서 칠해져야 하니, 다섯 칸을 모두 칠하고, 완성된 5에 ◯로 표시해 두자.

위쪽의 3은, 세 칸이 연속해서 칠해져야 하니 맨 밑줄은 칠할 수 없게 된다. X로 표시해 두자.

잠깐!

이 경우, 세 칸을 연속해서 칠할 수 있는 경우는 A, B 두 경우이다. 그러므로 칠할 수 없는 마지막 칸은 X로 표시한다.

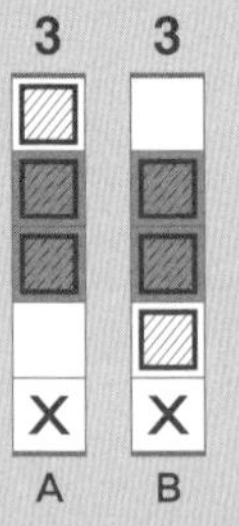

위쪽의 4는, 네 칸이 연속해서 칠해져야 하니, **경우의 수를 따져보면** 네 번째 줄은 모두 칠해지게 되어있다.

잠깐!

이 경우, 네 칸을 연속해서 칠할 수 있는 경우는 A, B 두 경우이다. 여기서 네 번째 칸은 무조건 칠해진다.

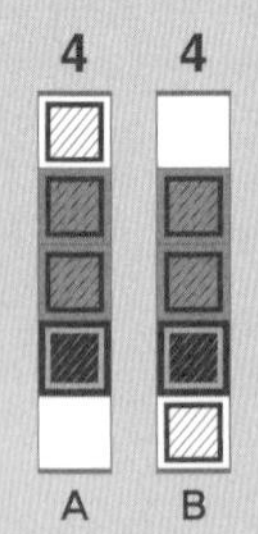

이렇게 되면, **왼쪽의 3이 완성**된다. 완성된 3에 ○로 표시해 두고, 네 번째 줄의 양 옆을 X로 표시해 두자.

위쪽의 3을 다시 보자. 네 번째, 다섯 번째 줄이 X로 표시되어 있으니, 자연스럽게 **첫 번째 줄을 칠해야 3이 완성**된다. 완성된 3에 ○로 표시해 두자.

왼쪽의 2는 두 칸이 연속해서 칠해져야 하니, 두 번째 칸과 네 번째 칸을 칠해야 2가 완성된다. 세 번째 칸은 X로 표시하고, 완성된 2에 ○로 표시해 둔다.

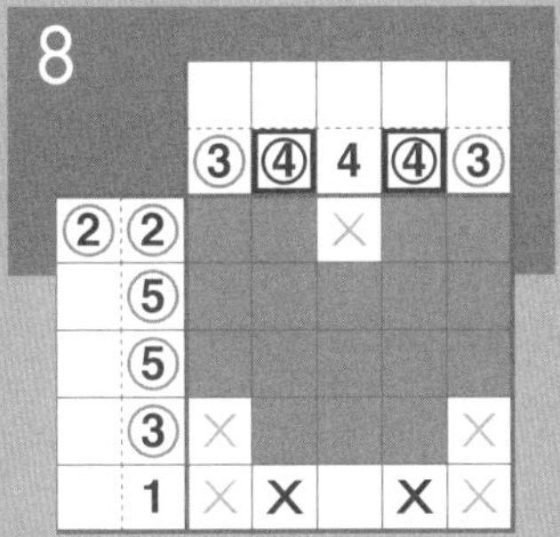

이렇게 되면 위쪽의 두 번째, 네 번째 4가 완성된다.
완성된 4에 ○로 표시해 두고, 맨 밑줄을 X로 표시해 둔다.

자, 이제 남은 것은 위쪽의 4와 왼쪽의 1이다. **맨 밑줄의 남은 한 칸을 칠하면**, 위쪽의 4이자 왼쪽의 1이 완성된다.

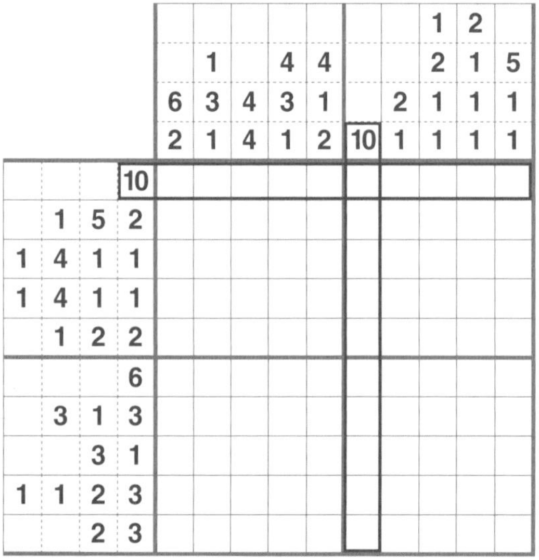

잠깐!

네모 로직의 문제 크기가 큰 경우, **큰 숫자부터 공략하는 것**이 효과적이다.

표시된 줄을 살펴보면,
한 줄인 열 칸 중에 열 칸 모두 연속해서 칠해진다.
이렇게 큰 숫자부터 칠해놓고 나면,
오른쪽 상단의 6이 맨 윗칸부터 연속해 칠해지게 되므로,
나머지 경우의 수를 쉽게 풀어갈 수 있다.

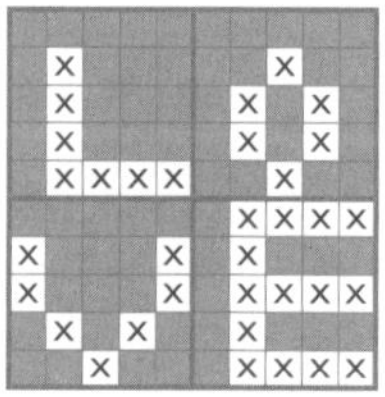

중요한 로직 풀이 Tip!

문제의 크기가 큰 로직 중에는 위의 설명만으로 해결되지 않는 것이 있다.
그럴 때 이것만 기억해 두면 손쉽게 풀 수 있다.

위에서부터 칠했을 때와 아래에서부터 칠했을 때를 생각한 후 **겹쳐지는 칸**이 어디인지를 찾는다. 점을 찍어가며 생각하면 편하며, 이때 숫자의 순서는 반드시 지킨다.

① 한 칸에 점을 찍고, 한 칸 띄고 6칸에 점을 찍는다.
② 뒤에서부터 6칸에 점을 찍고, 한 칸 띄고 한 칸에 점을 찍는다.
③ 겹치는 부분을 찾아 칠한다.

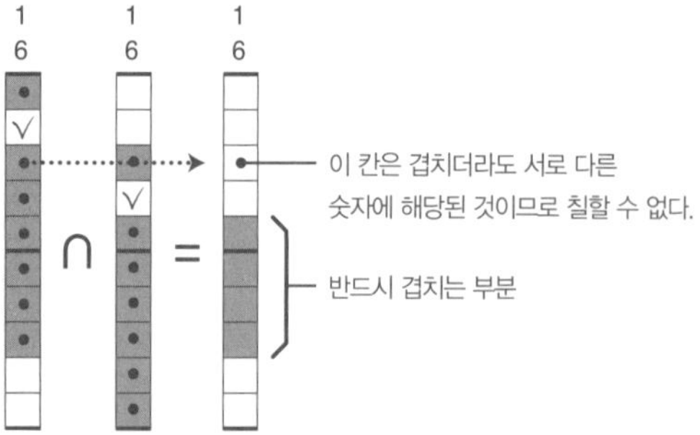

nemonemo logic 입문편

PART A

SIZE : 5×5 10×10

난이도 ●

A01 패션 포인트!

	1	3	3	3	1
0					
3					
3					
5					
0					

*힌트 : 칠할 수 없는 칸부터 x로 표시해 두세요!

난이도 ●

A02 바람과 천만 있으면 어디든 갈 수 있어

				2	1
	1	2	5	2	1
2					
3					
1					
5					
3					

*힌트 : 5를 칠하고 나니, 1이 눈에 들어오네요!

난이도 ●○○○○

A03 이것을 쓰려는 자, 그 무게를 견뎌라

				1	1	1	
			4	1	1	1	4
		0					
1	1	1					
	2	2					
	1	1					
		5					

난이도 ●

A04 비가 내릴 때 필요해요

		3			
	2	1	5	3	2
3					
5					
5					
1					
2					

난이도 ●

A05 쏘이면 큰일나요

		2				2
		1	5	3	5	1
	3					
	5					
	5					
1	1					
2	2					

난이도 ●

A06 방향을 알려줘요

		2	3		3	2
		2	1	0	1	2
2	2					
2	2					
1	1					
1	1					
2	2					

난이도 ●

A07 같음의 반대 기호

	1	1		2	1
	1	2	3	1	1
1					
5					
1					
5					
1					

난이도 ●

A08 늘 한결같이 그곳에 있어요

	2	3	5	3	2
1					
3					
5					
5					
1					

난이도 ●

A09 알파벳의 시작

				2		
		2	3	1	3	2
	1					
	3					
1	1					
	5					
1	1					

난이도 ●

A10 사람을 뜻해요

				3		3	
			4	1	2	1	4
	2	2					
	2	2					
	2	2					
1	1	1					
		3					

난이도 ●○○○○

A11 솔솔 배가 고파오는 시간

						1	
				1	3	1	
			3	1	1	1	3
		3					
1	1	1					
	1	3					
	1	1					
		3					

난이도 ●

A12 멍!

							2	3		2			
					5	1	1	1	3	1	1	5	
				10	3	1	1	1	3	1	2	3	10
			10										
	2	4	2										
	2	2	2										
		2	2										
2	1	1	2										
		1	1										
	1	2	1										
	2	1	2										
			10										
		2	3										

난이도●

A13 힘이 엄청 세요

						1		1	1	1	1		1	
					3	3	3	3	2	2	3	3	3	3
					6	1	4	1	2	2	1	4	1	6
			3	3										
		1	6	1										
			3	3										
	1	1	1	1										
	2	1	1	2										
		1	4	1										
1	1	2	1	1										
	1	1	1	1										
1	1	2	1	1										
				10										

난이도 ●

A14 행운이 올까요?

			3	4						4	4	2
			4	4	9	7	3	8	9	4	2	3
	2	3										
	4	5										
	4	5										
		9										
		5										
		8										
	4	4										
	4	5										
3	3	1										
		1										

난이도 ●

A15 배를 고정시켜요

						2			2			
				1		1	1	1	1		1	
			4	2	1	2	8	8	2	1	2	4
		4										
	1	1										
		2										
		4										
1	2	1										
2	2	2										
1	2	1										
2	2	2										
		8										
		4										

난이도 ●

A16 예쁘게 포장해요

						3				3	2		
					2	3	5	1	4	2	3	1	
				7	4	1	1	6	4	1	1	4	7
		3	4										
	4	3	1										
	1	5	1										
1	1	1	1										
	1	4	1										
1	3	2	1										
	3	2	3										
	2	2	2										
	1	2	1										
			8										

난이도 ●

A17 작고 반짝이는 그것

						1	2	2	1			
			4	1	5	2	1	1	2	5	1	4
			1	6	2	1	1	1	1	2	6	1
		6										
2	2	2										
	2	2										
		8										
	3	3										
	2	2										
	2	2										
	2	2										
	2	2										
1	6	1										

난이도 ●

A18 슈퍼마리오가 먹으면 두 배로 커져요

							1	3		1			
					2		5	1	5	5		2	
				4	2	9	2	1	1	2	9	2	4
			6										
	2	2	2										
			10										
1	2	3	1										
			10										
		4	4										
		2	2										
		1	1										
		2	2										
			4										

난이도 ●

A19 겨울에 필요해요

				2	1	1	2		5	2	3	
			10	4	3	2	1	3	1	1	2	10
		10										
	2	6										
1	2	2										
1	1	1										
1	1	1										
	1	1										
	2	1										
	3	1										
	4	2										
	5	4										

난이도●

A20 하늘을 자유롭게 날아요

						2						2	
					1	2	1	2	3	1	1	4	3
				10	3	2	4	3	3	2	3	1	6
			10										
1	1	2	2										
	2	1	1										
			3										
		3	3										
		1	3										
	1	1	3										
	1	3	2										
	1	5	1										
	1	5	2										

난이도 ●

A21 아이 눈부셔!

					2		1	1	2	2		
					1	2	3	1	3	1	2	
					2	4	1	1	1	2	4	
			7	9	2	1	1	1	1	1	2	9
		10										
	4	4										
	2	1										
	5	4										
2	4	2										
	5	4										
	4	3										
1	3	1										
	2	2										
		7										

난이도●

A22 물 위에 둥둥~

					2	1		4	1	1		
			2	3	3	1	1	1	1	2	4	
			3	5	2	1	1	1	1	1	2	7
		3										
	2	1										
2	1	1										
3	1	2										
	1	5										
	2	2										
	1	3										
2	3	1										
	3	2										
		10										

난이도 ●

A23 한조각만으로도 행복해져요

									1			
				2	1	2	2	4	2	4	2	
			6	4	4	4	3	3	4	4	3	6
		3										
	2	2										
		7										
3	3	1										
	2	1										
	1	4										
		10										
		10										
		8										
		4										

난이도●

A24 크리스마스엔 이게 빠질 수 없죠!

									3			1	
					1	4	3	1	3	4		1	
				2	3	1	5	8	2	4	6	1	2
			2										
		1	2										
			4										
		3	2										
		2	5										
		4	1										
			8										
2	2	2	1										
			10										
			4										

난이도 ●

A25 큰 귀가 귀여워요

						1	1			1	1		
					4	2	2	5	4	2	2	5	
				5	2	1	1	3	2	1	1	2	5
		3	3										
	1	2	1										
	1	2	1										
	1	2	1										
	2	2	2										
1	2	2	1										
1	2	2	1										
	1	1	1										
	2	2	2										
			8										

난이도 ●

A26 풍차와 잘 어울리는 네덜란드의 꽃

	4	4	4 4	2 2 3	3 5	1 8	3 2 3	4 3	3	4
4										
3 2										
1 4										
1 1 1 1 1										
1 2 3 1										
2 4 2										
3 2 3										
8										
7										
5										

난이도●●

A27 말캉말캉 젤리 같아요

					3	4	2	2	4	3		
			3	3	3	4	5	4	4	3	3	3
	1	1										
	2	3										
		6										
	5	4										
	2	2										
2	2	2										
		4										
		6										
		6										
	3	2										

난이도 ●●

A28 도시락으로 이만한 게 없죠!

							1	1		1	2		
					3	2	1	1	2	1	1	3	
				5	1	5	5	5	5	1	1	2	6
			6										
	2	1	2										
	1	1	1										
2	1	1	2										
	1	2	1										
	1	4	1										
1	4	1	1										
		6	1										
		4	2										
			5										

난이도 ●●

A29 시원하고 달콤해요

					2			2			
				3	1	1	1	1	4	2	
			2	1	1	1	1	1	1	2	1
		3	2	1	1	3	3	1	1	2	3
	2										
	6										
2	2										
2	2										
	10										
1	1										
2	2										
	8										
	2										
	6										

난이도 ●●

A30 겨울에 쓰면 따뜻해요

									1		
			2	4	5	6	6	8	5	1	3
		4	2	1	2	1	1	1	1	7	2
	3										
1	1										
4	1										
	8										
	9										
	9										
1	7										
2	6										
3	2										
	6										

난이도 ●●

A31 밤하늘에 빛나요

							2	1				
						3	1	3	1	1	3	1
			6	8	9	4	3	3	3	3	3	3
	3	1										
	4	3										
	4	1										
	3	1										
	3	3										
3	1	1										
	4	2										
		10										
		8										
		6										

nemonemo logic 입문편

PART 8

SIZE : 15×15 20×20

난이도 ●

B32 쥐와 천적이에요

Column clues:

		2	2								2	2		
	1	2	2								2	2	1	
	3	2	1			4		4		3	1	2	3	
	1	1	1	3	1	1	1	1	1	1	1	1	1	
13	2	3	1	1	1	1	5	1	1	1	1	3	2	13

Row clues:

				3	3
		1	2	2	1
		2	2	2	2
			3	7	3
3	1	1	1	1	3
		1	1	1	1
		1	1	1	1
		1	2	2	1
		1	2	2	1
				1	1
			4	3	4
			1	1	1
			4	1	5
			2	1	2
					11

*힌트 : 위에서부터 칠했을 때와 아래에서부터 칠했을 때 겹쳐지는 칸을 먼저 찾으세요!

난이도●

B33 자, 한 번 낚아볼까!

Column clues (top to bottom)

Column	Clues
1	2
2	15
3	1 2
4	2 2
5	2 2
6	2 2
7	5 4
8	2 1 3 2
9	3 6
10	1 1 1 1 2 2
11	6 8
12	2 1 1 2 2
13	2 1 2 2 2
14	5 6
15	6 2

Row clues (left to right)

Row	Clues
1	3 4
2	1 2 5
3	1 2 1 1
4	1 2 2 1
5	1 2 4
6	1 5 1
7	1 1 1 1 1
8	1 7 1
9	1 1 1
10	1 8
11	1 8
12	1 3 1 1
13	1 1 1 1 1
14	15
15	15

＊힌트 : 가장 큰 숫자 먼저 칠해보세요!

난이도 ●

B34 예쁜 옷을 입어요

				1		1	1	1		1				
	7	2	2	2	3	2	2	2	3	2	2	2	7	
	3	3	7	3	4	1	5	1	4	3	7	3	3	
3	1	1	3	1	1	4	1	1	1	1	3	1	1	3

				9
	2	1	1	2
	2	2	2	2
1	1	3	1	1
1	1	1	1	1
	1	1	1	1
	1	2	2	1
		1	9	1
3	1	1	1	3
2	1	1	1	2
2	2	1	2	2
1	1	2	1	1
2	2	1	2	2
1	1	1	1	1
				15

난이도 ●●

B35 원숭이가 좋아해요

								1										
						1	2	1	3	3		1	2	1				
					1	2	2	1	2	2	3	1	1	1	2	1		
				3	4	1	3	2	2	1	1	1	1	1	1	2	5	
				10	4	3	2	1	1	1	1	2	2	3	5	3	4	7
			4															
		1	4															
		3	2															
			6															
	1	1	3															
2	2	3	1															
1	2	5	1															
1	1	2	2															
	1	2	8															
	1	2	1															
	1	7	1															
	2	1	2															
		3	5															
		4	7															
			15															

난이도 ●

B36 열심히 꿀을 모으자!

	1		1	1						1				
	1		1	1	5			2		2	3	1	1	
1	1	4	1	2	3	3	6	2	1	2	3	1	2	
5	1	1	3	1	3	3	4	1	7	2	2	4	3	5
5	4	2	1	1	1	1	1	3	4	1	2	2	3	6

			3	2	4
		1	1	2	4
	1	1	1	2	1
		5	1	2	1
		1	3	1	1
	2	1	2	1	2
			1	5	3
			1	2	4
				7	5
				4	3
			1	5	4
2	1	1	1	4	1
	2	1	1	4	2
			3	2	4
					15

난이도 ●

B37 작고 노랑고 귀여워요

							1	1				1	2					
							2	2	2		1	1	1	5	5			
					3	3	3	2	2	2	2	1	1	2	3	7	6	6
				13	9	9	1	1	1	3	1	1	1	3	2	2	3	6
		5	8															
		3	6															
	3	2	5															
	1	2	5															
		3	5															
		4	3															
		4	2															
3	1	1	1															
3	2	2	1															
	3	4	1															
		4	2															
		6	4															
			15															
		1	1															
		4	3															

난이도 ●

B38 비타민이 풍부한 알록달록한 채소

Column clues:

1	2	3	4	5	6	7	8	9	10	11	12	13	14	15
				1	2	1			3	4	3	2	2	
	7	2	1	6	2	1	3	1	3	4	4	1	2	2
7	3	3	6	2	1	1	2	4	2	2	4	5	7	11

Row clues:

		2	5
	2	3	6
	2	1	3
	1	6	2
1	2	1	2
1	1	1	1
1	1	2	1
1	1	2	1
2	1	1	2
1	2	2	2
1	1	1	3
1	1	2	4
	4	1	4
		5	8
			15

난이도 ●

B39 남녀노소 누구나 좋아해요

								1	2					2	1			
					2	5	5	3	2				5	2	3	5	2	
					1	1	1	1	1		1		1	1	1	1	1	
				4	8	1	1	1	1	14	11	14	1	1	1	1	8	4
		4	4															
3	2	3	2															
	4	4	3															
		5	5															
			15															
	1	3	1															
	1	3	1															
			15															
	1	3	1															
	1	3	1															
	1	3	1															
	1	3	1															
	1	3	1															
	1	3	1															
			13															

난이도 ●

B40 지식의 바다로 풍덩 빠져들어요

					2			2						
		1		3	1			1	3			1		
4	4	4	5	1	2	2	2	2	1	6	5	4	4	4
2	4	2	2	1	1	9	9	1	1	2	2	2	4	2

				7
				9
			2	3
	1	1	1	2
			1	2
			5	6
		1	4	1
		1	2	1
		3	2	3
1	1	2	1	1
1	1	2	1	1
		3	2	3
		1	2	1
		4	2	5
				15

난이도 ●

B41 커피 한 잔의 여유

			2	1	1	1	1	1	1	1	2		3	
			1	2	4	4	4	4	4	2	1	7	2	4
10	9	9	2	2	1	2	2	2	2	3	3	2	2	4
4	3	2	2	1	1	1	1	1	1	1	1	2	2	3

			15
		4	4
	3	5	3
		13	1
	3	7	2
	3	5	2
	3	1	1
		3	2
		4	4
1	2	3	1
			8
		1	5
		2	1
		4	3
			15

난이도 ●●

B42 등에 칼을 메고 다니는 검정 옷의 사나이

													2		2				
												2	1	2	1				
												1	1	1	1				
					2	2		1		6	8	3	3	3	3	7		4	1
					6	7	9	6	10	5	4	4	2	2	4	5	4	5	7
				5															
				7															
			3	1															
			9	2															
	1	3	1	1															
2	3	1	2	1															
	2	4	1	2															
		3	6	1															
		5	4	1															
		7	3	2															
			7	4															
			8	5															
		4	3	5															
			3	7															
			3	5															

난이도 ●●

B43 크리스마스 이브에는 이분을 기다려요

							3	6	5	5	8	6			4			
					1	4	3	1	1	1	1	1	7		2	4	1	
					1	2	1	1	2	1	1	1	2	10	1	3	2	
				5	2	1	1	1	1	1	1	1	1	1	2	2	5	4
			5															
			8															
			11															
		10	1															
		8	3															
		10	2															
1	1	1	4															
4	1	1	1															
	3	1	2															
1	2	6	1															
3	1	1	1															
	1	7	1															
		1	2															
		2	2															
			11															

난이도 ●●

B44 새로운 시작을 의미해요

Column clues (top to bottom):

Column	Clues
1	2
2	1 2
3	2 2
4	2 1
5	2 5 3
6	5 1 6
7	5 2 1 3
8	5 1 2
9	5 1 1 3
10	8 1 4
11	13
12	3 3 3
13	2 1
14	8 2
15	1 3 3

Row clues (left to right):

Row	Clues
1	5
2	11
3	12
4	10
5	6 1
6	1 3 1
7	3 4 1
8	1 1 3 2
9	1 1 2
10	2 2 2
11	4 2
12	4 5
13	2 3 4 2
14	2 7 1
15	1 5 1

난이도 ●●

B45 핑퐁 게임

Column clues:

1	2	3	4	5	6	7	8	9	10	11	12	13	14	15
				8	8									
	7	8	8	1	1	8	8	7		8	2	1	2	
8	2	1	5	1	1	5	5	2	10	3	2	1	2	3

Row clues:

			6
			9
			11
			11
			11
			11
			11
			11
		1	2
		2	3
		9	3
1	2	2	2
1	2	1	1
1	2	2	2
		5	3

난이도 ●●

B46 작은 위안을 줘요

														2					
					2	1	1	2		2		1	2	5	2	1	1	
				4	5	2	1	2	8	3	2	4	1	1	2	3	2	4
				7	4	4	4	4	3	2	8	4	3	2	2	3	5	4
			3															
	3	2	2															
	2	3	1															
	1	2	2															
	2	1	5															
2	1	2	1															
2	1	2	1															
		8	2															
	2	5	3															
		1	8															
	1	1	2															
	5	3	2															
		10	3															
		6	8															
		6	8															

난이도 ●●

B47 눈 내리는 날의 아이콘이죠!

1	2	3	4	5	6	7	8	9	10	11	12	13	14	15
					2	2	2	2				2		
			5	4	2	2	2	2	3		4	1	2	2
4	5		2	3	2	1	3	5	6	8	3	2	4	3
1	1	7	2	1	1	2	1	1	1	1	2	5	1	1

			7	2
				11
			2	4
2	3	2	2	2
2	3	2	1	3
	2	1	1	2
	2	2	2	2
			2	9
			8	1
		2	3	2
		1	2	1
	1	1	2	1
			3	3
		2	1	2
				9

난이도 ●●

B48 스트레스 해소에 탁월해요

1	2	3	4	5	6	7	8	9	10	11	12	13	14	15
									4			2		
	2		2	2	5				3	2	2	1	3	
2	2	3	2	3	2	2		3	1	1	3	2	2	
4	1	4	1	4	1	4	4	3	1	10	3	3	3	13

		4	5
		4	6
	1	1	2
1	2	1	1
	3	1	1
1	2	2	1
	1	1	11
		3	10
	2	4	1
		1	1
		3	7
	5	1	5
1	1	1	7
		5	1
	1	2	1

난이도 ●●

B49 사진 찍을 때 늘 등장하는 포즈

							4				2	1		3	2	2	2	
					3	1	1	1	2	10	3	1	8	1	2	4	3	3
				3	3	5	1	3	1	2	4	2	1	1	1	3	7	3
		3	2															
	2	1	4															
	1	3	1															
	1	2	2															
	1	2	1															
	4	1	2															
2	3	1	1															
	1	1	7															
1	2	2	3															
	1	3	1															
	3	5	1															
	1	2	1															
	3	2	3															
	3	2	3															
		4	4															

난이도 ●●

B50 물을 끓여요

						2								
					2	2	2	2	2	2	2			
					4	1	1	3	3	1	2	2		
		2	1	8	1	2	1	1	1	1	1	3	8	
3	4	2	2	2	1	1	1	1	1	1	1	2	3	6

		6
		8
	2	2
	1	1
1	2	1
1	6	1
3	2	3
3	2	2
		14
2	2	2
2	1	1
2	1	1
	3	2
	1	3
		10

난이도 ●●

B51 맛있는 요리를 만들어 볼까요?

						1	1	2	1	1	1						
				2	2	1	1	1	1	1	1	2		6		1	
			5	3	5	3	3	3	3	4	3	4	10	4	6	2	3
		3															
	2	1															
		4															
		4															
		3															
		3															
		7															
	4	2															
2	3	2															
2	2	2															
1	2	3															
1	1	5															
		11															
		10															
		7															

난이도 ●●

B52 백설공주가 먹고 쓰러진 과일

Column clues:

		3			3									
	2	2	3	3	1	4		2				2		
2	6	2	2	1	1	2	6	1	2	1	2	4	6	
3	2	1	2	2	1	2	2	2	3	3	3	1	2	4

Row clues:

		1	5
			8
			7
			3
		3	5
2	2	1	2
	2	4	2
		1	1
		1	1
		1	2
		1	2
		2	4
1	2	4	1
2	2	6	2
	3	7	3

난이도 ●●

B53 또각또각

	2	2		2	2	2	3	2	2	2	1			
3	1	2	6	4	4	4	5	5	6	4	5	8	11	10

		3
	2	2
	1	3
	1	3
	2	4
	1	4
	2	5
	2	6
2	3	2
2	3	2
2	3	2
	9	2
	2	7
	1	7
		8

난이도 ●

B54 두 귀가 쫑긋!

Column clues (left to right, top to bottom)

Column	Clue
1	1 1
2	18
3	1 1 2
4	1 5 1 2
5	1 3 1
6	8 3 1
7	1 4 1
8	1 1 3
9	1 2 1 1
10	1 8
11	1 2 1 1
12	1 1 3
13	1 4 1
14	8 3 1
15	1 3 1
16	1 5 1 2
17	1 1 2
18	18
19	1 1
20	1 1

Row clues (top to bottom)

Row	Clue
1	5 5
2	1 1 1 1
3	1 1 1 1 1 1
4	1 1 1 1 1 1
5	1 1 1 1 1 1
6	1 1 1 1 1 1
7	1 1 9 1 1
8	1 1 1 1
9	1 1
10	1 1
11	1 1
12	1 2 2 1
13	1 2 3 2 1
14	1 2 5 2 1
15	1 1 1 1 1
16	4 1 1 1 5
17	1 1 1 1 1
18	3 7 4
19	2 1 1 1 2
20	13

*힌트 : 위에서부터 칠했을 때와 아래에서부터 칠했을 때 겹쳐지는 칸을 먼저 찾으세요!

난이도●

B55 여름하면 생각나는 과일

열	1	2	3	4	5	6	7	8	9	10	11	12	13	14	15	16	17	18	19	20
힌트	7	3 3	2 3 2	2 8 3	1 3 2 5	4 2 2	3 4 7	2 2 5 2	5 3 5 2	1 2 1 6 1	1 5 9 1	3 2 11 1	3 6 1	5 3 7 1	2 3 9 1	4 6 1	7 4 2	3 2	1 2	4

행	힌트
1	7
2	6 3
3	2 2 2 4
4	2 2 3 4
5	1 2 3 2 1 1
6	2 2 2 2 4
7	1 2 1 2 3
8	1 2 3 2 2 1
9	1 4 2 1 1 1
10	1 3 2 2 2 1
11	1 1 2 2 1 1
12	2 2 6 4
13	1 1 1 8
14	4 1 12
15	3 1 10 1
16	4 10 1
17	3 8 2
18	2 5 2
19	2 2
20	7

*힌트 : 3(+1)+2(+1)+11(+1)+1=20

난이도 ●●

B56 등에 점박이 무늬가 있어요

Column	Clues
1	2
2	1
3	4 1
4	1 4 3
5	9 1
6	12
7	1 1 2 2 3
8	1 2 2 2 3
9	4 11
10	3 1 1 1 2
11	3 1 1 1 2
12	4 11
13	1 2 2 2 3
14	1 1 2 2 3
15	12
16	9 1
17	1 4 3
18	4 1
19	1
20	2

Row	Clues
1	1 1
2	2 2
3	4
4	1 6 1
5	1 8 1
6	1 1
7	16
8	5 5
9	2 1 1 2
10	3 4 3
11	9 9
12	1 6 6 1
13	3 4 3
14	2 1 1 2
15	5 5
16	10
17	10
18	3 3
19	1 1
20	1 1

난이도 ●●

B57 남자 아기들에게 많이 하는 말이죠

열	1	2	3	4	5	6	7	8	9	10	11	12	13	14	15	16	17	18	19	20
단서	3	7 1	1 1 1 1 1	3 1 1 1 1	4 9	2 1 1 4	1 3 2 4	6 1 3 5	2 3 2 1 1 5	1 3 1 1 1 4	1 1 1 1 1 1 4	1 4 2 1 1 5	1 4 1 3 5	1 2 3 2 4	1 3 1 1 4	1 2 4 9	1 1 3 1 1 1 1	3 1 1 1 1	7 1	3

행	단서
1	10
2	2 1
3	1 3 3
4	3 5
5	10
6	2 2 2 2
7	1 2 2 1
8	1 1 4 1 1
9	6 6
10	1 1
11	18
12	1 1 2 2 1 1
13	4 2 2 4
14	1 1 1 1
15	5 2 5
16	1 5 5 1
17	20
18	1 12 1
19	5 8 5
20	6

난이도 ●●

B58 뚱뚱한 사람이라도 가뿐하게 뜰 수 있어요!

Column clues (left to right, top to bottom):

1. 7 9
2. 6 6 1
3. 2 3 2 8
4. 6 7 2
5. 2 1 2 2
6. 1 3
7. 4 3 3
8. 4 1 1 4
9. 1 2 3 8
10. 4 1 1 5 2
11. 1 4 3 1 4
12. 2 1 4
13. 7 1 4
14. 5 2 5
15. 5 2 9
16. 1 5 10
17. 1 5 5 1
18. 1 2 6 2
19. 2 2 5 2 1 1
20. 1 10

Row clues (top to bottom, left to right):

1. 6 10
2. 5 4 1
3. 2 1 5 3
4. 4 2 2 3 1
5. 4 5 8
6. 4 5 1 3 1
7. 1 1 2 2
8. 5 2 2
9. 3 1 1 1 3 2
10. 2 5 3 3
11. 1 1 5
12. 1 1 4 1
13. 5 2 6
14. 5 4 6
15. 4 2 4
16. 3 2 3
17. 3 9 2
18. 3 4 6 1
19. 1 14 1
20. 17

난이도 ●●

B59 해바라기 씨가 제일 좋아!

Column clues (top to bottom):

1	2	3	4	5	6	7	8	9	10	11	12	13	14	15	16	17	18	19	20
			2		5	5			4	4									
			3	6	2	2	6		2	2	4		7			5			
	1		1	1	1	3	1	5	1	1	1		1		2	1			
	1	4	2	1	5	2	1	3	5	1	1	6	2	2	12	1	3	1	
1	1	14	2	1	1	1	5	2	1	1	1	1	1	11	2	8	5	1	3

Row clues:

			5	5
				16
		1	10	2
		1	11	2
				15
		2	2	4
	2	2	2	3
	1	2	2	2
		3	1	4
	1	2	2	2
		3	3	4
	2	2	2	3
1	2	1	3	3
1	1	1	1	3
1	2	1	3	3
		1	5	3
		1	3	4
		1	2	1
			2	5
		7	5	2

난이도 ●●

B60 처음으로 드레스를 입었어요

Column clues (left to right)

Column	Clue
1	4
2	3 2 2
3	8 2
4	6 2 2
5	4 2 3 1
6	4 2 1 1
7	4 6 2
8	1 2 3 1 1
9	1 5 3 1
10	5 2 2
11	5 1
12	2 2 3
13	6
14	3
15	3 4
16	3
17	1 5
18	2 13
19	3 3 11
20	6 5

Row clues (top to bottom)

Row	Clue
1	4
2	3
3	2
4	4 1
5	4 1 1
6	6 1 2
7	8 1
8	2 2 2
9	3 3 1
10	4 5 4
11	2 5 2 4
12	1 3 1 6
13	3 1 3 6
14	2 2 1 2 2 6
15	1 1 1 1 1 2
16	1 5 1 2
17	2 3 2
18	2 4 2
19	13 2
20	1 1 1 1 1 2

난이도 ●●

B61 봄이 되면 자라나요

Column clues (top to bottom):

				1	2	2	2				2	1	1						
		1	2	1	2	2	2			2	2	2	1	1	1				
	8	2	2	1	1	1	1	2	6	2	1	1	2	2	2	6	1		
2	2	2	3	3	3	3	4	13	4	11	4	3	3	3	2	2	1	1	1

Row clues (left to right):

				3
		1	4	7
	1	3	2	1
		1	4	1
1	2	2	2	1
1	2	1	2	1
	1	2	3	2
		2	4	2
		2	2	2
			6	4
			1	1
			1	1
			1	1
			1	1
			1	1
			1	1
				5
				12
				17
				20

난이도 ●●

B62 잠자리채를 들고 밖으로 나가요!

열	힌트
1	5 2
2	1 1 4 2 3
3	1 3 5
4	5 3 2 2
5	5 3 1 3
6	1 3 3
7	1 3 2 1
8	2 1 2
9	4 8
10	1 3 4
11	2 2 5
12	8 3 5
13	1 5 3 1
14	1 2 1 1 4
15	1 2 2 2
16	1 1 5
17	2 2
18	1 1
19	3
20	2

행	힌트
1	8
2	2 1 2 4
3	1 2 1 1 2
4	5 1 1 3
5	1 2 2 1 3
6	2 1 1 2
7	5
8	3
9	5 1
10	7 1
11	9 4
12	2 1 1 2
13	2 2 3 2 1
14	1 1 1 1 2 1
15	2 2 1 2 1
16	2 2 2 2 2
17	10 2
18	3 6
19	3 3 1
20	3 2 1

난이도 ●●

B63 멀리 있는 과녁을 향해 쏴요

Column clues (left to right, top to bottom):

				3															
				2	3	3					2								
		5	4	1	1	2	3		5		4	5	3						
		3	2	1	2	2	2	3	2	4	3	1	1	3	5	3			
4	6	1	2	2	1	1	3	7	1	3	4	1	1	4	7	6	2	1	3
2	12	5	5	1	5	5	8	3	1	1	1	4	2	4	1	1	1	1	1

Row clues (top to bottom):

					6
				8	2
				10	3
			4	2	3
	3	1	1	1	4
2	1	2	1	2	2
	2	2	2	1	2
		2	2	2	2
					16
	1	6	1	1	1
	1	1	2	1	4
		3	1	6	1
			1	9	2
		1	1	1	2
		1	1	2	2
			7	1	2
			7	2	2
		3	4	2	2
			4	4	3
					20

난이도 ●●

B64 꼬끼오!

1	2	3	4	5	6	7	8	9	10	11	12	13	14	15	16	17	18	19	20
				2					3										
				2			3		2	2	2								
				2	2	2	2	6	1	3	2	2	3				1	1	
			2	2	2	2	2	1	1	1	1	1	1	5	2	1	1	1	
1	2	5	9	3	1	2	1	2	2	2	2	1	1	3	4	3	4	4	8
1	1	1	1	1	3	1	1	3	4	2	1	3	4	2	2	4	1	1	1

				6
				8
			1	4
		2	2	1
	3	2	1	4
	2	2	2	1
	3	2	1	4
3	1	5	1	1
	1	9	1	2
		4	3	2
2	1	3	1	3
	1	2	5	3
2	3	2	1	1
		2	6	2
			2	1
			2	2
		8	3	7
				7
			2	2
			4	3

난이도●●

B65 가끔은 천원짜리도 넣어주세요

										3									
	5	5	6				4			1	5	1							
	2	2	1		5		1	3		1	1	2							
	2	4	2	5	1	4	2	2	3	2	2	3	1	1		3			
6	4	2	1	1	2	2	4	2	3	2	2	3	2	2	5	1	4	4	6
12	2	1	1	3	3	4	2	2	3	1	1	1	2	5	3	3	3	4	5

					13	6
					12	5
					12	5
			8	1	1	3
			6	3	3	1
			1	1	3	1
					1	4
				2	3	2
				2	2	2
					1	3
				3	2	1
					3	2
					1	5
				3	2	1
		2	1	1	1	1
2	1	1	1	2	1	1
		3	2	2	1	2
			1	5	2	6
				2	6	7
						20

난이도 ●●

B66 밤에 먹으면 더 맛있어요

Column clues (top to bottom):

1	2	3	4	5	6	7	8	9	10	11	12	13	14	15	16	17	18	19	20
			1	1	1	3	2		5	1		5							
			1	1	1	4	3	1	3	3		3	1			1	1	1	
			1	1	1	2	4	1	3	3	3	3	3	3	8	1	1	1	1
	2	2	4	5	5	2	1	3	1	1	3	1	3	1	2	4	1	2	1
4	4	7	2	2	1	1	1	1	1	1	1	2	6	9	6	7	8	5	5

Row clues:

Row	Clues
1	8
2	5 1 2 6
3	1 1 2 2
4	5 1 1 5
5	1 2 2 1
6	3 1 1 1
7	1 2 2 1
8	2 1 1 2
9	6 2 2 4
10	2 1 1 1 1 2
11	2 4 2 2 2 1
12	1 5 1 1 4 1
13	6 2 2 1 3
14	7 1 1 1 4
15	18
16	2 6
17	1 6
18	2 5
19	2 6
20	13

난이도 ●●

B67 무언가를 골똘히 생각해요

					4														
			3	4	3			4	4										
			1	3	1		3	1	3		4	5	7	6					
		8	3	1	2	3	2	2	1	4	1	2	2	2		6	4		
3	3	1	1	2	1	3	1	1	1	3	1	1	2	5	12	1	2	4	4
4	11	2	1	1	2	8	3	3	3	9	2	1	1	1	1	2	3	9	4

				11
				13
				15
			4	9
			1	5
		5	3	6
3	2	2	1	5
	3	2	2	5
1	1	1	2	3
	3	5	3	1
1	1	3	2	3
1	3	3	1	2
	1	6	2	1
4	1	1	2	1
	1	3	5	1
1	1	1	1	1
2	1	1	1	2
		2	5	3
		3	7	4
				20

난이도 ●●

B68 열심히 운동을 해요

Column clues (top to bottom):

Column	Clues
1	10 5
2	4 2 4
3	7 1 1 3
4	3 6 1 3
5	2 2 1 3 2
6	3 3 1 5 1
7	7 1 3 3 1
8	5 1 2 3
9	2 3 4
10	6 8 1
11	2 2 2 3 3 2
12	2 1 3 2 2 1
13	2 1 1 1 1 2 1
14	2 1 2 1 1
15	5 5 1 1
16	4 6 3 1
17	7 3 1 1
18	4 1 1
19	2 2
20	8

Row clues (left to right):

Row	Clues
1	5 7
2	7 9
3	3 3 1 4
4	3 2 2 1 4
5	4 3 2 1 2
6	1 6 1 2 1
7	1 5 2 2
8	1 1 4 1
9	1 1 3 1 1
10	1 4 4 2
11	1 2 5
12	1 6 4 2
13	2 5 4 1
14	6 3 1 1
15	2 2 2 1
16	1 3 5 1 1
17	2 5 6 1
18	4 3 1
19	5 4 2
20	7 9

난이도 ●●●

B69 주는 사람도, 받는 사람도 향기로운 선물

Column clues (top to bottom)

Column	Clues
1	3
2	3 3
3	5 1
4	3 5
5	1 3 1
6	9
7	3 2 2
8	3 4
9	5 2 3
10	7 1 1 2
11	2 1 2 1 1 3
12	2 2 3 3 2 1
13	1 3 4 4
14	2 1 3 1 1 1
15	3 1 2 4
16	5 2 2 1 1
17	9 1 4
18	12 2
19	7 2 1
20	3 3

Row clues (left to right)

Row	Clues
1	8
2	4 5
3	3 2 5
4	1 2 3 1 4
5	6 2 1 4
6	2 3 2 3 4
7	6 1 2 2 5
8	1 2 3 10
9	9 1 3
10	1 1 1 5 1 1
11	3 2 1 2 1
12	9 2
13	2 2 2
14	2 2 2
15	1 2 1
16	3 3
17	7
18	1 1 1
19	1 1 1
20	6

난이도 ●●●

B70 구석구석 청소를 해요

Column clues (top to bottom):

Column	Clues
1	5
2	3 2
3	2 3
4	2 8
5	2 4 3
6	1 4 1
7	8 4 1
8	4 2 2 1
9	3 2 2 3
10	1 3 1 7
11	6 2 5
12	1 1 2 3 3
13	3 3
14	2 2 4
15	3 1 4
16	4 6
17	10 5
18	2 4 1 1
19	3 1 4
20	2 2

Row clues (left to right):

Row	Clues
1	1 1
2	1 2 1
3	1 2 1 2
4	2 1 1 1
5	1 5
6	7 2 3 1
7	2 6 7
8	2 6 3
9	2 2 1 1
10	1 1 3 1
11	2 1 1 2 4
12	1 1 1 1 1
13	1 2 2 2 1 1
14	1 4 1 2 5
15	7 2 4
16	16
17	1 3 6 1
18	2 1 6 1
19	3 4
20	2 1 3

난이도 ●●●

B71 후~ 불면 꺼져요

열	힌트
1	1 2
2	3 4
3	1 2 1
4	5 2 1
5	2 2 2 1
6	1 9 2
7	4 1 1 1 1
8	2 3 3 1 1
9	1 5 1 1 1
10	1 5 3 1 1
11	2 3 2 1 1
12	4 1 1 1 1
13	1 9 1
14	2 3 2 1
15	4 2 2
16	2 1
17	1 1 4
18	3 3 2 1
19	1 1 1 2
20	4

행	힌트
1	4
2	2 2 1
3	1 1 2 1 3
4	3 1 2 1 1
5	1 6
6	4
7	10
8	2 2
9	1 2 3 1
10	1 1 1 2 1 1 1
11	1 1 1 1 3 3
12	3 3 2 1
13	2 2
14	1 1
15	1 1 3
16	5 6 1
17	17 1
18	2 1 2
19	5 5
20	10

난이도 ●●●

B72 백악기 말에 멸종했어요

열	단서
1	3 10
2	1 2 10
3	3 2 11
4	2 2 1 9
5	3 1 2 1 7 1
6	1 12 1
7	1 1 3 1
8	1 1 2 3 2 1
9	1 1 1 1 4
10	1 2 1 3 3
11	2 1 5
12	5 2 2
13	2 2 1
14	2
15	3
16	5 3
17	1 6 2
18	1 3 2
19	2 3
20	2 5

행	단서
1	7
2	2 2
3	3 1 1
4	2 1
5	1 1 1 1
6	2 2
7	6 2 2
8	6 6
9	1 1 2 2
10	4 3 1 3 1
11	3 1 1 2 3
12	6 5 3
13	6 2
14	7 1 1
15	7 1 1
16	8 2 1
17	6 2 1 1
18	6 4 1 2
19	4 5 5
20	11 5

난이도●●●

B73 벽에 못을 박아요

1	2	3	4	5	6	7	8	9	10	11	12	13	14	15	16	17	18	19	20
				3				2											
			2	1	3	8	7	3		2	4	2		4					
	1	3	5	2	5	3	1	1	1	6	5	1	3	1		5			
7	3	2	1	2	1	3	1	2	4	3	1	2	1	1	6	2	6	4	
2	2	2	2	2	2	2	4	3	5	2	2	2	1	1	3	2	3	3	3

						3
						6
						5
				5	2	4
				3	2	8
			1	3	2	8
		1	2	3	2	5
1	1	2	1	1	1	4
	1	1	1	3	1	2
			1	4	2	2
			2	3	3	3
				1	8	1
					2	6
				3	1	2
				5	2	1
				1	3	2
				2	4	1
				3	3	2
					12	1
					12	1

난이도 ●●●

B74 사랑해요

Column clues (left to right, top to bottom):

Col	Clue
1	14
2	14
3	6 5
4	4 2 3
5	4 3 3 2
6	1 3 2 1 2
7	1 1 2 2 1
8	2 2 2 2
9	3 2 2 1
10	2 1 2 2
11	2 1 2 2
12	1 3 2 2
13	2 2 1 1 1 2
14	1 2 3 2 1 1 1
15	4 3 4 1
16	5 2 1
17	6 4
18	7 1
19	9
20	14

Row clues (top to bottom):

Row	Clue
1	4 3
2	1 2 3 1
3	1 3 1
4	1 3 2
5	1 1 2
6	2 2
7	6 4 7
8	5 1 9
9	5 1 7
10	4 2 2 5
11	3 2 11
12	3 2 2 2 4
13	2 1 2 1 3
14	2 2 2 5 2
15	2 1 1 2 2 2
16	3 1 2 1 1
17	3 2 1 1 1
18	4 1 3 1
19	6 3 1
20	7 1

nemonemo logic 입문편

PART C

SIZE : 25×25 30×30

난이도 ●●●

C75 부엉 부엉!

Column clues (top to bottom, columns 1–25):

1	2	3	4	5	6	7	8	9	10	11	12	13	14	15	16	17	18	19	20	21	22	23	24	25
													2											
						2							3											
						3	2	3			7		4	3	4									
					3	4	3	4	7	6	2	3	2	3	3				2	2	2	3		
					3	1	4	2	2	1	1	5	1	4	6				2	2	2	3		
	3	8	12		6	2	2	1	1	1	2	2	1	1	2	5	11	7	3	7	2	1	8	
6	2	2	4	5	1	1	2	1	1	2	1	1	1	2	2	10	4	2	2	3	1	1	4	6
5	4	3	3	17	5	2	4	2	3	2	1	3	1	3	1	4	2	2	3	2	1	1	2	5

Row clues (rows 1–25):

Row	Clue
1	2 2 4
2	3 4 6
3	15 1 3
4	16 2
5	3 5 3 2
6	2 3 3 3 3 3
7	2 3 3 3 8
8	2 3 3 3 2 4
9	3 2 2 3
10	7 8
11	9 9
12	1 15 2
13	2 4 5 1
14	1 2 2 1
15	1 6 6 1
16	1 1 2 1 2 1 1
17	1 1 1 1
18	2 5 3 5 2
19	4 2 2 2 3 3
20	3 1 2 2 2 2
21	1 3 3 1 2
22	2 6 6 6
23	6 1 2 1 1 4 1
24	21 2
25	9 4

*힌트 : 가장 큰 숫자 먼저 칠해보세요! (총 25칸 중 21칸을 연속해 칠할 수 있는 교집합 찾기)

난이도 ●●●

C76 지금… 당신 뒤에…!!!

Column clues:

Column	Clues
1	2 10 4 4
2	4 4 4 4 2
3	4 9 4 1
4	3 7 5
5	4 15
6	5 6 1
7	5 2 3 2
8	1 3 4 4 1
9	3 2 1 1 1 1 1
10	2 2 1 2 4
11	1 2 1 1 1 1
12	1 2 1 4 2
13	2 1 2 1 1 2
14	2 1 3 4 1
15	2 1 1 1 1 5
16	2 1 2 2 3
17	1 2 1 1 1 1 1 1
18	1 4 1 4 2 2
19	2 2 1 1 2 2
20	3 1 1 1 2 1
21	2 1 5
22	5 2 6
23	2 2 16
24	5 4 12 1
25	6 6 3 3 2

Row clues:

Row	Clues
1	3 8 3 3
2	7 2 7
3	8 2 3 2
4	8 2 4
5	1 20
6	3 10 1
7	6 5
8	24
9	8 1 3
10	1 4 2 5 5
11	6 1 1 2 1 3 1
12	7 2 3 1 4
13	5 2 2 4
14	2 1 10 3 4
15	1 1 1 1 1 3 3
16	1 3 1 2 3
17	1 1 6 3
18	1 1 1 3
19	2 2 1 1 2
20	5 2 2 3
21	4 1 2 3
22	4 3 3
23	1 2 1
24	2 1 2 2 1
25	3 3 4 4 2

＊힌트 : 5(+1)+4(+1)+12(+1)+1=25

난이도 ●●●

C77 스머프가 살아요

Column clues (left to right, top to bottom):

Column	Clues
1	6 6
2	9 6 3
3	1 1 2 6 2
4	1 1 2 4 1 2
5	8 2 4 2
6	5 4 1 1 2
7	2 2 5 3 2
8	2 5 2
9	2 4 8
10	2 1 2 2 1 2
11	8 2 9
12	4 1 1 2 2 1 2
13	2 5 2 9
14	3 1 1 2 8
15	6 2 2
16	1 4 3 3 2
17	2 2 1 4 1 2
18	1 1 4 9 1
19	3 4 3 4 1
20	5 5 1 3 1
21	6 1 2 1 3 2
22	6 1 1 1 1 2
23	1 2 1 2 5 2 3
24	2 9 4
25	4 1 6

Row clues (top to bottom):

Row	Clues
1	4
2	4 6
3	1 1 5 2 6
4	4 8 7
5	1 4 2 2 3
6	1 2 7 3
7	1 4 1 1 2
8	6 7
9	2 2 1 1 5
10	2 2 5 6
11	1 4 4 2
12	1 4 4 2
13	1 13 2 3
14	17 2 4
15	4 4 3
16	5 4 8
17	2 1 1 6 3 3
18	3 1 1 1 1 2 1 1 2 1
19	7 6 6 2
20	1 1 1 2 6 1
21	1 1 1 2 2 1
22	2 1 1 2 3 2
23	18 3
24	15 5
25	8

난이도 ●●●

C78 아름다운 고리를 가진 행성

Column clues:

1	2	3	4	5	6	7	8	9	10	11	12	13	14	15	16	17	18	19	20	21	22	23	24	25
						1	1							5	1		1							
	4				5	4	3	6	5	5	5	5	5	1	4	3	6	9						
	1	5	5		2	1	2	2	1	2	2	1	1	1	1	1	2	1				4		
4	8	2	2	6	2	1	2	1	1	1	2	1	2	1	1	1	1	1		12	5	6		1
1	1	1	7	3	1	2	2	1	1	1	1	2	1	1	2	1	1	2		3	6	2	5	13
11	1	8	2	6	3	1	3	3	1	2	1	1	1	5	1	1	3	1	18	1	4	3	8	1
2	1	4	2	4	3	1	1	1	5	6	6	6	6	1	3	2	1	6	6	5	5	1	6	7

Row clues:

					16	8
				6	7	6
				6	8	8
						25
					20	2
			1	3	6	1
			3	2	5	2
			1	4	2	8
		1	1	2	2	7
1	1	2	2	2	1	6
		1	1	2	3	8
		3	2	2	2	6
		4	2	3	2	3
		5	1	3	2	2
			8	3	7	1
			5	1	3	5
	6	3	3	1	2	1
				8	5	4
				10	2	1
				1	13	2
					4	17
		1	3	1	6	8
		3	2	1	5	7
		4	1	4	4	2
		1	1	2	5	8

난이도 ●●●

C79 거짓말을 하면 코가 길어져요

												1		1	2									
												1		2	1		1		1					
		1				2		2		1		4	1	4	4		1		2					
		1				1	2	1	1	2	1	1	3	1	4	4	4		1	1	2			
2	2	2			1	6	2	3	2	1	1	1	4	1	3	9	1		4	2	3			
5	5	2		2	17	2	4	2	2	3	2	2	3	1	1	5	1		1	3	1	2		
1	2	2	17	1	1	1	4	1	1	3	3	1	2	2	1	1	1	15	1	1	1	8	4	
2	6	2	2	1	3	1	1	2	5	1	7	2	1	3	1	1	2	4	5	1	1	9	1	18

				2	2	2	3	5
			2	2	5	2	1	2
		1	1	2	3	1	2	1
			1	1	2	1	3	1
				2	1	10	2	1
		1	1	1	4	2	1	1
			1	1	3	7	1	1
				3	1	11	1	1
				3	5	10	1	1
				2	1	4	11	1
		1	1	4	1	3	1	1
		1	1	3	3	4	1	1
1	1	2	1	3	3	1	1	1
2	1	2	1	2	2	1	1	1
					3	1	10	1
					2	1	2	2
					1	1	10	1
			5	2	2	1	1	1
		2	3	3	3	1	1	1
			1	5	2	3	1	1
		2	3	5	3	1	1	1
	1	1	1	1	1	1	1	1
		2	2	3	3	1	1	1
		6	2	2	1	1	1	1
1	1	1	2	2	2	1	1	1

난이도 ●●●

C80 할로윈을 대표하는 이것!

Column clues (columns 1–25, top to bottom):

Column	Clues
1	3
2	2 2 7
3	2 3 2
4	2 2 2 2
5	4 4 1 2
6	3 5 2 1
7	5 1 1 3 2
8	1 3 2 1 1 1
9	2 4 3 3 1
10	3 3 2 3 1
11	6 3 1 1 2 1
12	7 4 2 1 1
13	8 4 4 2 1
14	8 4 2 1 1
15	8 4 1 1 2 1
16	8 4 2 3 1
17	8 4 3 3 1
18	3 1 3 2 1 1 1
19	2 9 1 3 2
20	3 4 2 1 2 2
21	3 4 3 1 2
22	4 2
23	6 2
24	3 7
25	1

Row clues (rows 1–25):

Row	Clues
1	6
2	9
3	11
4	7 2
5	8 1
6	9
7	13
8	1 7 1
9	8 3
10	24
11	1 21
12	2 2 16
13	3 1 6 1 2
14	1 4 3 1
15	2 2 2 5 2
16	1 3 2 2 1 1
17	1 8 1 7 1
18	1 3 1
19	1 5 1
20	1 3 1 3 1
21	2 2 2 2 2 2
22	2 5 1 5 2
23	2 9 2
24	3 3
25	14

난이도 ●●●

C81 두 팔 벌려 논을 지켜요

Column clues (top to bottom, columns 1–25):

Col	Clue
1	3 1 3 3
2	1 1 4 2
3	1 6 3 2
4	1 6 3 2
5	2 1 1 3 3
6	2 1 1 3 2
7	6 1 3 3
8	9 1 9
9	2 3 3 1 1 2
10	2 3 3 1 2 2
11	1 1 2 6 2
12	1 1 5 1 12
13	1 2 1 1 2 2 1
14	2 3 7 1
15	2 4 4 1 2 2
16	2 2 5 1 3 2
17	9 1 3 2
18	4 1 2 3 2
19	2 1 4 5
20	2 1 1 1 4
21	1 1 1 1 3
22	1 6 4
23	6 4 2
24	1 1 2 3
25	3 2 2

Row clues (left to right, rows 1–25):

Row	Clue
1	7
2	3 3
3	2 2 2
4	3 2 1
5	20
6	16
7	2 1 1 1 2
8	2 1 2
9	1 2 2
10	9 10
11	1 2 2 3 2 1
12	4 8 4
13	2 2 3 2
14	2 5 2
15	12 5
16	1 2 3 2
17	2 2 5 3 1
18	3 3 5 1 2
19	5 1 1 3 1 2
20	6 1 1 3 3
21	1 4 1 3 2
22	2 3 1 3 2 1
23	5 2 1 4 2
24	1 3 14 2
25	1 2 5 7 2

난이도 ●●●

C82 아버지를 아버지라 부르고 싶어요

세로 열 힌트 (왼쪽부터)

열	힌트
1	7
2	2 3
3	4 3
4	2 7 4 1
5	2 2 1 1 5 1
6	1 9 4 2
7	5 2 4 2
8	3 2 1 1 2 7
9	3 1 5 2 6
10	1 1 1 2 3 2 4
11	1 1 1 4 1 4 3
12	1 1 1 3 2 2 2
13	1 1 1 5 1 6 2
14	3 1 1 5 2 3
15	2 2 1 3 2 1 4
16	1 2 1 1 2 6
17	2 5 13
18	1 2 15
19	2 2 11
20	4 7
21	1 5 3
22	4 7 2
23	2 2 3 1
24	2 2 3 2
25	14

가로 행 힌트 (위부터)

행	힌트
1	7
2	2 2
3	13
4	3 3
5	3 9 2
6	2 2 2 1
7	2 2 3 2 5
8	4 4 4 3
9	15 1 2
10	1 1 1 1 2 1 2 1
11	3 4 6 1 2
12	1 1 2 2 2 1 3
13	3 2 2 7 1
14	2 1 6 1
15	4 3 5 1 1
16	2 2 6 4
17	4 7 4 4
18	6 5 4 4
19	8 1 1 1 4 1 1
20	2 4 1 1 4 1 1
21	1 4 1 4 1 1
22	1 4 1 5 2 2
23	1 3 5 5 3
24	1 13
25	1 3 6

난이도 ●●●

C83 열심히 일해요

Column clues (left to right, top to bottom):

Column	Clues
1	7 4 2
2	10 2 5
3	11 1 2
4	3 1 2 4 5 2
5	2 1 2 1 3 7 1
6	4 1 1 4 2 1 2 1
7	3 2 4 1 1
8	2 3 3 3 1 1
9	1 8 3 1
10	1 7 2 1
11	2 2 2 2 1
12	1 3 2 2 1
13	2 2 2 1 1 1
14	2 2 2 3 1
15	9 5 2
16	5 1 1 4
17	2 5 1 2 2
18	2 3 3 2
19	4 2 1 2 2
20	3 1 2 1 1
21	2 2 1 1
22	2 4 1 1
23	2 2 2 2 1
24	2 2 4 1
25	2 2 1

Row clues (top to bottom):

Row	Clues
1	8
2	7 3 4
3	3 2 2 5
4	3 2 2 1
5	4 1 2 3
6	3 2 1 1 4
7	5 1 1 2 2
8	4 1 2 1 6
9	3 1 2 3 2
10	4 1 2 2 2 2
11	5 2 3 2 2
12	5 2 5 2
13	10 3 2
14	5 7
15	3 1 3 2
16	3 1 5
17	1 1 2 1
18	8 2 1
19	2 2 1 7
20	1 2 2 2 2
21	2 3 6 3
22	1 9 2
23	1 1
24	4 5
25	25

난이도●●●

C84 짐은 미륵이니라!

Column clues (left to right, top to bottom):

Column	Clues
1	15 2
2	15 3
3	15 1 3
4	8 3 3 2
5	9 2 3 3
6	4 2 6 2
7	3 5
8	2 3
9	3 1 1 4
10	3 1 1 1 2
11	1 2 1 2 2 2
12	1 2 1 2 2 2 2
13	1 2 1 1 1 1 2
14	1 3 2 1 2
15	1 3 1 1 2 2
16	1 5 1 1 5
17	2 5 1 1 5
18	2 6 2
19	3 4 6
20	5 8 4
21	10 2 1 1
22	15 3
23	15 1
24	15 2
25	15 2

Row clues (top to bottom):

Row	Clues
1	25
2	10 9
3	7 3 7
4	6 2 6
5	5 2 6
6	5 2 5
7	5 2 5
8	5 8 5
9	3 2 5 5
10	3 1 4 10
11	3 1 2 5 4
12	3 5 4
13	4 1 2 1 4
14	6 1 1 6
15	6 5 6
16	2 1 1
17	2 6 2
18	3 1
19	1 3 2
20	4 5 3
21	2 1 2 7 1
22	5 2 6 3
23	1 1 2 2 1 3
24	4 2 3 3 2
25	1 1 1 2 1 1 1

난이도 ●●●

C85 여자는 여우, 남자는 ○○

Column clues (left to right, read top to bottom):

Column	Clues
1	18 3 2
2	3 21
3	6 1 9 1
4	3 8
5	2 1 1 2 4
6	2 3 3
7	1 1 2 1
8	2 3 2
9	1 3 2 3
10	4 2 3 2
11	2 3
12	2 2 3
13	2 2 1 1 2
14	1 2 2 1
15	1 2 2
16	2 3 3
17	2 4 3 2
18	1 3 5 3 2
19	1 2 5 7 2 2
20	2 3 1 2 8
21	2 3 1 7 1
22	4 1 6 2
23	6 1 5 7
24	19 5
25	2 20 1

Row clues (top to bottom, read left to right):

Row	Clues
1	7 8
2	6 6
3	4 3 3
4	1 1 5 4
5	3 4 1 1 3
6	3 2 2 3
7	2 1 2 2 1 2
8	2 2 1 2 2
9	3 1 2 5 2
10	2 1 2 1 4 1 2
11	2 2 3 2 3
12	2 1 2 2 2 2
13	3 3 1 3
14	3 2 1 2 3
15	7 2 2 1 3
16	4 3 2 4
17	6 1 1 1 5
18	8 1 1 4 2
19	5 2 1 6
20	5 2 1 1 5 1
21	4 3 1 9
22	2 1 1 2 2 2 3
23	2 1 2 1 6
24	2 3 1 3 2 3
25	2 3 4 3 3

난이도●●●

C86 모자 안에서 비둘기가 나와요

Column clues (left to right, top to bottom):

Column	Clues
1	1 2 4 2 1
2	3 2 3 2 2 1
3	2 2 2 1 3
4	1 1 2 2 2 2 2
5	2 3 1 2 2 1
6	1 5 1 2
7	4 4 2 2
8	2 1 3 4 1
9	1 3 3 1 7
10	1 2 3 1 1 2
11	2 3 1 1 1
12	2 1 3 1 1 1
13	1 1 4 2 1 2
14	1 4 2 1 1 2
15	1 3 1 1 1 2 2
16	1 2 1 2 2 2 1 2
17	1 1 2 2 2 1 3 3
18	3 1 6 2 4 4
19	2 7 1 8
20	1 3 2 2 9
21	3 2 9
22	2 1 14
23	3 2 2 9
24	2 4 2 5 1
25	2 3 2 2 1

Row clues (top to bottom):

Row	Clues
1	9 3
2	5 2 4
3	3 2 1 3 3
4	2 3 1 2 2
5	2 1 1 2 1 7
6	2 3 4 2 2
7	2 1 3 2 2
8	2 1 5 2
9	2 1 7 3
10	2 3 2 2
11	2 2 1 3 1
12	2 9 3 2 2
13	1 12 3 2
14	2 8 3 1
15	1 3 3
16	5 4 4
17	2 10 8
18	2 11
19	2 8 9
20	2 2 2 7
21	3 1 6
22	2 2 1 6
23	9 9
24	2 8
25	10

난이도 ●●●

C87 아휴, 더워!

Column clues (left to right, top to bottom):

Col	Clue
1	3
2	2 2
3	2 1
4	2 2
5	1 1
6	2 2
7	2 5
8	1 2 2
9	1 2 1
10	3 1 3 1
11	8 1 5 1
12	6 2 4 1
13	3 4 2 3 1
14	2 1 1 1 1 3 1
15	3 3 4 3 1
16	3 4 4 4 1
17	3 4 3 4 1
18	3 3 1 2 5 1
19	5 1 7 1
20	7 8 1
21	5 6 2
22	12 4
23	11 6
24	10 9
25	6

Row clues (top to bottom):

Row	Clue
1	9
2	12
3	3 9
4	2 5
5	15
6	4 4 1 3
7	4 4 1 3
8	1 2 2 3
9	1 4
10	1 3 5
11	8 2 6
12	4 6 6
13	2 3 6
14	2 5 2
15	2 3 1
16	1 2 1
17	2 3 3 2
18	3 5 4 1
19	5 10 1
20	2 9 2
21	1 8 2
22	1 3
23	2 3
24	6 4
25	11

난이도 ●●●

C88 달콤한 구름을 먹는 것 같아요!

Column clues (left to right, top to bottom):

Column	Clues
1	4 4
2	2 2 3
3	2 2 2
4	2 2 1 3
5	1 1 5
6	1 1 2 4
7	1 1 2 4
8	1 1 2 2 2
9	1 1 2 6
10	3 2 3 1
11	3 4 1
12	6 4 1 1
13	14 1 1
14	4 2 2 2 1
15	4 2 1 2 2 3
16	5 3 1 2 2 1
17	5 2 2 1 1
18	5 2 2 2 2 1
19	4 2 1 1 1 3 1
20	5 1 1 5 1
21	5 2 1
22	9 3 1
23	8 5 1
24	5 10 1
25	8 5 7

Row clues (top to bottom):

Row	Clues
1	8
2	11
3	13
4	13
5	7 6
6	7 2 4
7	2 6 3 2 1
8	2 8 2 2 1
9	2 3 1 1
10	1 1 2 2 2
11	1 2 1 4 2
12	2 1 2 3 4
13	2 2 3 5
14	1 2 2 2 11
15	1 3 2 2 3
16	2 3 1 2 2
17	4 3 2 1 1
18	10 2 1 1
19	11 1 2
20	1 1 2 1
21	1 2 2 1
22	5 4 1
23	2 8 1
24	2 1 1
25	2 11

난이도●●●

C89 탈 수 있는 오리

Column clues (top to bottom):

Column	Clue
1	10 1 1
2	2 1 5 1 1
3	3 2 2 5 1
4	2 1 1 4 1
5	2 1 2 1 3
6	2 1 1 2
7	2 1 1 2
8	2 7 2
9	2 3 3 2
10	2 2 3 2
11	1 2 3 2
12	1 7 1
13	1 6 1
14	2 1 1
15	2 1 1
16	4 2 7 1
17	2 3 2 3 3 2
18	1 6 3 3 2
19	1 1 1 3 3 2
20	1 7 2
21	3 5 6 3
22	4 3 5
23	3 3 3 2
24	2 8 2
25	1 1 2

Row clues (left to right):

Row	Clue
1	5
2	2 2
3	1 1 3
4	1 4
5	2 3
6	1 1
7	2 1
8	3 1 1
9	5 1 1
10	1 8 1 2
11	1 13 1
12	3 6 2
13	1 5 1
14	1 3 3 2
15	2 5 5 1
16	3 2 2 6 1
17	5 1 2 1 2 1
18	1 1 1 2 1 2 1
19	2 6 6 2
20	2 6 6 2
21	24
22	2 2
23	20
24	7 9
25	5 5

난이도 ●●●

C90 굿모닝

Column clues (top to bottom, columns 1–25):

1	2	3	4	5	6	7	8	9	10	11	12	13	14	15	16	17	18	19	20	21	22	23	24	25
		3										4	4		3	3			1	1				
	1	2		1					5	7	5	2	1	4	2	1	4	3	1	6	4		12	12
	2	1	1	1	4	3			1	1	1	1	3	3	2	2	5	1	4	2	3		1	1
5	2	3	5	2	3	5	4	7	1	2	1	1	2	1	1	1	2	7	1	1	1	6	2	1
13	7	4	9	2	2	1	4	1	1	2	2	3	3	3	3	4	4	4	4	4	4	4	4	4

Row clues (left to right, rows 1–25):

					4	2
				1	1	2
				2	1	2
			3	1	2	2
	1	1	2	5	4	2
	1	2	1	9	1	2
		1	2	9	1	2
			2	14	1	2
		3	6	1	2	2
	2	4	1	3	1	2
1	2	1	1	1	1	2
		2	1	1	5	2
		6	2	5	1	2
	2	1	1	3	1	4
	1	1	2	4	1	2
		1	1	1	1	1
		1	2	1	1	1
			1	1	1	7
		2	1	2	5	3
			2	1	1	4
				2	1	4
				4	3	9
					6	13
					5	15
					4	16

난이도 ●●●

C91 멋진 발차기가 예술이에요

Column clues (left to right, top to bottom):

1. 7 1 4
2. 1 1 2 1 4
3. 1 1 2 1 4
4. 1 1 3 1 4
5. 1 2 2 1 4
6. 1 3 2 1 4
7. 2 3 2 1 4
8. 2 2 1 4
9. 2 2 1 4
10. 4 2 1 4
11. 2 3 4 4
12. 1 6 6
13. 1 2 3 3
14. 1 1 6 2
15. 2 2 5 2
16. 1 1 2 2 1
17. 7 3 2 2
18. 2 1 5 3 1 5
19. 2 2 6 1 8
20. 2 1 1 3 4 1 4
21. 2 1 1 1 2 3 1 1 4
22. 2 4 1 1 1 4
23. 4 4 1 2 1 4
24. 3 2 2 2 1 4
25. 5 6 1 4

Row clues (top to bottom):

1. 7 7
2. 1 1 9
3. 1 2 1 3
4. 6 3 1 1 1
5. 1 2 1 1 1
6. 1 1 5 1 2 2
7. 2 2 2 4 2
8. 2 3 1 7
9. 2 3 1 2 2
10. 1 2 6 4
11. 2 2 1 6 2
12. 2 3 2 2 1
13. 2 5 4 1
14. 2 1 2 1 3 1
15. 2 1 2 1 2 1
16. 2 2 2 2 2
17. 2 1 3 1 2
18. 1 2 7
19. 1 2 1
20. 12 3 7
21. 1 3
22. 12 8
23. 13 8
24. 13 8
25. 13 8

난이도 ●●●

C92 뾰족함 속에 달콤함이 가득!

Column clues:

																		3	1	1				
					1	2	3	1	1	3		8	7	4	7	10	3	6	2	3				
				3	2	3	2	5	5	6	10	1	6	2	3	2	6	2	7	2	3			
				1	1	1	3	5	3	3	2	2	3	3	2	2	5	3	2	3	2	2		
		2	1	3	4	5	4	2	4	2	5	2	1	1	3	2	3	1	1	3	5	3	2	1
6	8	5	4	3	3	2	2	2	2	4	2	4	1	4	2	2	1	2	1	3	5	7	2	3

Row clues:

				4	4
				3	3
				4	4
		3	3	2	4
			4	3	10
					15
					11
					17
					21
		3	2	4	3
1	2	2	2	1	1
			2	3	2
			4	4	3
			7	4	6
		2	7	2	2
		2	2	5	2
	2	3	1	4	3
	2	4	6	4	1
		3	4	4	5
3	4	1	3	2	2
	4	3	1	3	2
			4	3	8
		4	2	3	2
			10	3	3
				4	9

난이도●●●●

C93 이곳에서 살고 싶어요

Column clues (left to right):

Column	Clues
1	4 2 3
2	11 3
3	1 2 1 1 3 1
4	7 5 1 5
5	1 8 1 1 1
6	2 1 1 2 3
7	12 3
8	4 2 1
9	8 4
10	3 1 7
11	5 4 1
12	2 7 1 1 1
13	2 6 1 4 1 3
14	2 2 1 1 1 1
15	2 3 1 4 7
16	3 1 1 6 1
17	4 7 3
18	3 2 2
19	6 5
20	3 2 4 1
21	2 8 7
22	3 7 1
23	3 3
24	6 1
25	8

Row clues (top to bottom):

Row	Clues
1	2
2	1 4
3	3 1 1
4	1 2
5	1 3
6	1 2 1 1
7	2 2 2 3
8	4 3 1 1 1
9	2 3 3 2 3
10	2 2 2 3 2 1
11	2 2 6 2 1
12	2 2 13 1
13	2 2 3 1 1
14	6 1 3 3 1 2
15	1 1 1 1 1 1 1 4
16	6 1 1 1 1 1 5
17	1 1 11 3
18	2 1 1 3 5
19	3 2 8 3 2
20	1 2 3 1 3 4 2
21	2 1 1 2 4 2
22	2 1 2 2 11
23	2 1 2 2 3 1 1 1 1 1
24	10 1 3 3 3
25	2 1 1 1

난이도●●●●

C94 콜라와 함께 먹으면 더 맛있어요

														3										
			1					3						1	3		3	3						
		2	1	2			3	1	4				3	1	2		2	1						
	2	2	1	1	1	3	2	2	1		6	3	2	3	1	3	4	1	7	6		6		
3	5	1	1	2	1	1	2	2	1		2	3	3	1	2	4	1	2	4	4	8	2	2	
4	3	2	1	2	6	2	3	1	2	2	3	9	1	2	1	1	1	2	2	3	8	2	3	
7	7	7	7	9	7	6	2	2	1	6	3	2	2	1	2	1	2	2	2	2	2	2	3	9

						8
					3	10
				3	1	12
			2	3	2	4
	2	2	1	1	2	6
1	1	2	1	1	1	4
	5	1	1	1	1	2
	1	2	2	2	3	2
	1	1	1	1	3	2
	1	4	1	2	2	2
				6	3	8
			1	1	4	4
	1	2	3	2	2	3
	2	5	1	4	1	2
		1	2	1	1	1
			2	1	1	1
			3	1	1	1
			3	2	1	1
						25
			9	3	3	3
		8	2	2	2	2
	7	4	2	2	2	1
			7	4	2	2
			6	8	2	1
			5	2	2	1

난이도 ●●●●

C95 실제로 보면 기절할지도 몰라요

Column clues (left to right, top to bottom):

Col	1	2	3	4	5	6	7	8	9	10	11	12	13	14	15	16	17	18	19	20	21	22	23	24	25
			3																						
		2	1																				3	2	
		1	10	1	1		2	3											1			1	1	1	
	4	10	1	12	11	3	2	2	1	2	1	1		1	1	2	1	2	2	4	1	12	10	10	4
	10	1	1	2	2	12	3	1	4	4	2	2	1	2	2	4	4	3	2	11	13	2	2	1	10
	4	3	1	1	2	3	2	2	4	2	3	1	3	1	3	2	4	4	2	5	1	1	3	1	4

Row clues (top to bottom):

Row	Clues
1	3 3
2	2 1 1 2
3	3 1 1 3
4	1 2 1 1
5	1 2 7 2 1
6	4 3 3 4
7	2 2 2 2
8	7 7
9	6 6
10	6 6
11	6 6
12	6 2 2 6
13	6 4 4 6
14	6 4 4 6
15	6 2 3 6
16	7 1 1 7
17	9 1 1 9
18	2 1 2 2
19	2 1 1 1 1 2 2
20	5 4 1 5 2
21	1 1 2 7 2 3
22	1 2 1 1
23	3 1 1 1 1
24	1 2 1 3
25	4 4

난이도 ●●●●●

C96 천 마리를 접으면 소원이 이루어질까요?

열	세로 힌트
1	5 3 1 4
2	2 5 10
3	2 4 3 1 4
4	2 2 3 9
5	5 2 1
6	4 4 1
7	1 15 1
8	2 6 1
9	1 6 2 1
10	3 2 6 2 1
11	1 1 2 1 3 5 1
12	1 1 4 8 1
13	1 1 2 5 4 1
14	2 1 1 5 2 1
15	4 2 6 1 1
16	4 4 3 1 2 1
17	3 2 5 1 1 1
18	3 3 4 2 3
19	1 2 5 1 2 2
20	2 3 2 2 2
21	2 4 2 1 2 1
22	5 1 2 3 2 1
23	2 2 2 2 2 3
24	4 1 3 3 2
25	4 1 3 4

행	가로 힌트
1	2 9 2
2	3 2 6 3
3	1 2 2 4 3
4	1 5 5 1 1
5	2 2 2 1 2
6	1 2 2 2 1 2
7	1 4 3 1 1 3
8	1 2 1 1 2 2 2 3
9	2 1 1 2 2 2 2
10	1 1 2 5 2
11	1 1 3 2 1 3
12	2 1 1 2 1 2
13	1 1 1 2 3 1 2
14	4 1 6 5
15	3 2 6 4
16	3 3 10
17	4 3 5 3
18	4 2 2 4 1
19	1 1 2 2 2 2
20	4 2 3 2 2
21	1 1 2 4 2 1
22	4 8 2 2
23	4 5 3 2 1
24	4 3 3
25	25

난이도 ●●●●

C97 몸을 유연하게!

Column clues (top to bottom, columns left to right):

Column	Clues
1	16 1 5
2	1 1 7
3	1 1 7
4	1 1 8
5	1 1 10
6	1 12
7	2 9
8	3 9
9	6 9
10	3 4 9
11	2 4 5 3
12	2 6 5 1
13	2 8 7 1
14	2 2 6 7 1
15	2 3 5 6 1
16	2 5 3 5 2
17	2 5 5 5
18	1 5 2 2 4
19	1 3 1 1 5
20	2 5 2 1 5
21	1 4 5 2 4
22	1 3 1 1 3 2 5
23	2 6 1 2 2 5
24	1 5 1 3 7
25	2 2 1 1 2 4
26	1 2 1 1 2 3 1
27	1 1 1 1 1 2 1
28	6 1 1 3 2
29	1 1 2 2
30	1 1 2

Row clues (left to right, rows top to bottom):

Row	Clues
1	1
2	1 4
3	1 2 4
4	1 2 3
5	1 2 2
6	1 2 4 2
7	1 2 9 1
8	1 2 10 1
9	1 2 4 5 1 1
10	1 1 4 1 2 1 1
11	1 2 4 3 2
12	1 1 2 1 1
13	1 1 2 1 2
14	1 6 5
15	1 7 1 2
16	15 1 10
17	1 8 2
18	6 7 9
19	1 4 2 2
20	2 2 2 2
21	5 1 2 2
22	13 2 3
23	17 2 2
24	20 1 5
25	24 2 1
26	26 1
27	10 13 2
28	10 2 10
29	7 1 4
30	8

*힌트 : 큰 숫자들 먼저 칠해보세요! (20, 24, 26)

난이도 ●●●●

C98 둘리를 좋아해요

Column clues (left to right, top to bottom):

Column	Clue
1	9
2	9
3	12
4	3 9
5	2 3 5
6	5 1 1 1 4
7	2 3 3 2 1 2 4
8	1 3 2 6 6
9	1 2 1 1 6 2
10	1 7 2 6 1 1
11	1 3 3 1 2 1 1
12	1 1 1 1 1 1 4 1
13	1 2 1 3 1 2 1 1
14	2 2 3 2 4 2 1
15	2 2 2 4 2 1 1
16	1 5 4 6 1
17	1 3 2 2 4 3 2
18	2 3 1 1 3 2 1
19	1 6 1 6 2 1
20	1 1 3 2 4 3 1
21	1 2 3 6 5 1
22	2 2 1 3 6 1
23	2 3 2 6 5
24	7 9 3
25	3 2 1 3
26	1 5 2
27	1 2 1 3 4
28	2 3 9
29	1 2 9
30	3 9

Row clues (top to bottom):

Row	Clue
1	13
2	3 2 1 2
3	1 1 2
4	1 1 3 1
5	1 3 1 1 2 1
6	1 1 2 2 1 3
7	1 2 3 1 2
8	2 1 2 2 2 2
9	1 1 1 1 3 2
10	2 1 4 2 1 1
11	3 3 1 2 3
12	4 3 1
13	1 1 2 4 1
14	2 2 2 2
15	3 1 1 8
16	3 2 2 7 3
17	2 2 14 1 1
18	1 1 2 2 1 3 2 4
19	2 3 1 5 4 2
20	1 3 3 2 2 3
21	1 1 1 1 1 1 2
22	5 4 2 10
23	7 3 4 11
24	5 1 3 9 4
25	4 2 1 10 3
26	5 2 3 2 3 3
27	12 1 4
28	8 1 4
29	9 1 5
30	22 5

*힌트 : 가장 큰 숫자인 22 먼저 칠해보세요!

난이도 ●●●●

C99 열이 나고 기침이 나와요

4 10
3 3 10
2 2 10
3 2 10
2 6
3 4 5
5 1 2 1 1 1
3 8 7 2
2 2 2 1 6 1
3 2 5 1 1 2
3 1 3 1 1 2 1 1
3 2 3 1 2 1 1 1
3 1 2 1 1 2 2 1
3 1 1 1 1 2 1
3 1 1 1 2 1 1
3 1 1 1 2 1
4 1 2 1 1 2 1
4 1 3 1 2 2 2
1 3 2 3 1 1 2 3
1 2 1 5 4 1 1
2 3 2 2 1 8 1
6 9 1 3 1
3 1 1 2 3 1 2
7 4 1 3
1 6
1 1 10
4 2 10
1 3 10
3 1 10
6 10

5
6 2
9 1
13
4 4
3 3
1 2
2 8 2
1 3 3 1
1 1 2 1 1 2 1 2
1 1 3 3 3 1 1 1
2 1 3 2 2 3 2 2
1 2 1 1 2 2 1 1 1 1
1 1 1 2 2 1 2 2
1 1 17 1 1
2 1 1 1 1 1 1
2 2 1 1 2 1 1
1 5 5 2
1 1 3 3 1 1
4 7 3
6 4 4 5
4 2 3 3 1 5
4 2 3 4 5
4 2 4 2 5
5 2 2 3 6
15 10
6 2 2 6
8 3 7
6 3 2 8
6 21

난이도 ●●●●

C100 노곤한 몸을 담가요

세로 (columns, top to bottom)

1. 5 2 6 1
2. 5 2 2 1 1
3. 8 1 2 1 1
4. 10 2 1 2 1
5. 6 3 2 1 1 1
6. 8 3 2 3 1 1
7. 6 3 4 1 1
8. 4 1 5 1 1
9. 3 1 1 2 2 1 1
10. 2 1 1 2 1 2 2 1
11. 3 1 3 2 1 1 1
12. 2 4 2 2 1 3
13. 2 2 1 2 2 2
14. 3 3 3 1 2
15. 2 1 2 1 1 1 2
16. 1 1 3 1 1 2 1 1 1 2
17. 1 2 3 1 1 4 1 4
18. 1 2 3 1 1 1 2 1 1 1
19. 1 6 1 1 3 1 1
20. 6 1 1 2 2 1 1
21. 4 2 2 2 1 1 1 1
22. 2 1 3 2 1 1 1 1
23. 1 2 3 1 1 2 1 1 1
24. 1 2 3 1 1 2 1 1 1
25. 1 2 3 1 1 2 1 1 1
26. 5 2 3 1 1 1 1 1
27. 6 1 5 2 2 1 1
28. 4 2 1 3 2 1 2 1 1
29. 2 3 1 3 2 1 1 1 1
30. 2 3 1 3 1 1 1 1 1

가로 (rows, left to right)

1. 6 6
2. 2 3 3
3. 1 5 8
4. 4 1 15
5. 7 1 3 3
6. 9 1 5 1
7. 6 1 7 5 2
8. 7 9 6 3
9. 7 2 1 6 4
10. 6 1 3
11. 4 1 2 4
12. 4 3 4 2
13. 4 1 4 4 5
14. 3 3 6
15. 3 2 4
16. 2 1 2 4
17. 3 4 3 5
18. 2 3 4
19. 2 2 2 5
20. 2 2 1
21. 2 2 2 1 6
22. 2 5 3 3 3
23. 1 3 2
24. 1 7 3 4
25. 1 8 5 6
26. 1 3
27. 4 1 15
28. 9 1
29. 6
30. 30

난이도 ●●●●●

C101 따뜻한 심장이 갖고 싶어요

												2																	
												4							2	2									
			1									1	1				2	2	3	3	2					4			
			2	1								3	5	1			1	1	1	1	1				3	2			
		1	2	2							3	1	4	4	4	3	2	3	1	1	1			3	6	1			
		2	1	2	6						17	1	1	1	3	3	1	1	1	2	2	5		2	1	2	6	6	
	4	9	1	3	2	2	4	2	1	1	1	1	2	4	2	1	1	1	1	1	1	6	1	1	3	2	1	1	
	5	2	2	1	2	9	2	1	3	1	1	1	1	1	1	1	1	1	3	3	1	1	1	2	2	4	3	2	
2	4	3	2	3	4	1	1	2	1	4	1	1	1	1	1	1	1	1	2	2	1	1	3	3	1	1	2	2	10
3	1	1	2	1	1	3	4	2	12	15	1	1	1	1	1	8	1	1	2	2	1	1	15	1	1	1	4	2	7

						8
			1	2	4	5
			2	3	2	6
				3	2	7
			3	2	1	4
		5	4	2	1	3
	1	3	4	2	1	3
			6	16	2	1
	6	5	2	2	5	1
	1	3	5	2	8	1
	5	1	2	2	1	5
		3	1	1	2	6
		1	1	1	3	2
		2	1	1	7	1
			1	1	2	1
			2	1	6	7
	1	2	3	7	2	2
		3	3	2	1	1
			5	6	3	3
	1	2	3	8	4	2
		1	1	4	3	1
		3	8	7	2	2
4	2	1	1	2	1	4
	4	1	2	1	2	1
1	1	2	1	1	2	1
3	3	4	1	2	3	2
8	2	1	1	2	2	2
			8	4	1	5
	1	2	1	2	1	1
			2	2	1	19

난이도 ●●●●●

C102 하나 둘 셋! 후~

Column clues (left to right, top to bottom):

Column	Clues
1	4 4 9 3
2	10 5 3 2 1
3	8 10 2
4	10 7 2 1 1
5	10 6 2 4
6	2 13 2 2
7	1 7 2 7
8	2 5 6 2 2 1
9	5 9 1 4
10	4 11 1 1 2 3
11	2 4 2 2 1 1 1
12	1 3 1 2 2 1 1 2 3
13	2 1 2 2 1 3 3
14	2 1 2 1 1 1 1
15	1 1 1 2 1 2 3
16	2 1 2 4 1 3
17	2 1 2 1 1 3 1 1
18	1 3 2 2 1 2 3
19	2 2 4 3 1 3
20	4 5 5 2 3 2 1
21	5 10 1 1 2
22	6 10 2 4
23	8 6 2 7
24	3 6 2 2 2
25	2 7 3 2 1
26	3 18 3
27	10 9 3 1
28	10 7 1 2 2
29	8 7 2 1
30	9 9 4

Row clues (top to bottom, left to right):

Row	Clues
1	11 3 12
2	6 4 2 2 12
3	5 2 2 2 5 5
4	6 3 1 1 4 4
5	9 2 2 4 5
6	7 1 2 9
7	8 2 1 8
8	8 12 8
9	2 4 2 5 5 1
10	2 4 4 2 4 5 1
11	2 4 2 1 3 2
12	2 3 3 2 3 4 1
13	2 3 3 5 4 3 1
14	6 3 1 1 6 5
15	6 4 1 2 7 5
16	6 16 6
17	1 3 4 3 6
18	4 2 2 6
19	3 2 1 1 1 2 2 2
20	5 2 2 2 2 7
21	2 2 1 1 1 3 2
22	2 2 1 1 1 1 2 3
23	5 1 1 1 3
24	1 3 1 1 1 1 2 2 2
25	3 3 1 1 1 1 4 1
26	3 2 1 1 2 3 1
27	3 4 3
28	1 12 2
29	3 2 2 2 2
30	13

난이도 ●●●●●

C103 밤에 잠이 안 올지도 몰라요

열	힌트
1	2 3
2	2 4 3
3	1 2 2 2
4	1 1 1 2 1 2
5	1 1 1 5 2 2
6	1 2 6 2 2
7	2 1 4 1 2
8	1 1 2 3 2 2
9	2 1 4
10	3 1 3 5 1
11	2 1 2 6
12	3 1 4 2 1 4
13	4 3 1 1 1 1 4
14	4 3 1 2 1 1 4
15	4 1 1 1 4 4
16	4 1 1 1 5 4
17	4 8 1 1 1 3
18	3 1 1 1 2
19	2 1 3 1 4 2
20	2 1 1 3
21	1 1 3 2 2 4
22	1 2 1 3 4 5
23	2 1 1 8 1 2 5
24	1 1 1 1 1 2 7
25	1 3 2 1 4
26	1 4 3
27	1 5 2
28	2 3 1 1
29	4 4 1
30	16

행	힌트
1	0
2	4 4
3	1 2 1
4	1 5 1
5	4 9 4
6	11
7	4 3 12
8	7 2 2
9	2 2 2 1
10	1 2 4 4 2 3 2
11	2 1 1 2 1 2
12	4 2 1 1 1 1
13	2 2 1 1 1 1 1
14	1 1 1 1 2 1 1 1 2 1
15	1 2 1 1 1 1 1 1 1 1
16	2 1 1 1 1 1 1 1
17	3 6 2 1
18	2 2 1
19	3 9 2
20	1 2 3 4 3
21	2 4 4 7
22	11 4 1 5
23	9 2 1 1 2 1
24	1 5 5 1
25	7 1 4
26	1 5
27	15
28	16
29	7 7
30	7 7

해답

nemonemo logic 입문편

PART A

1 모자

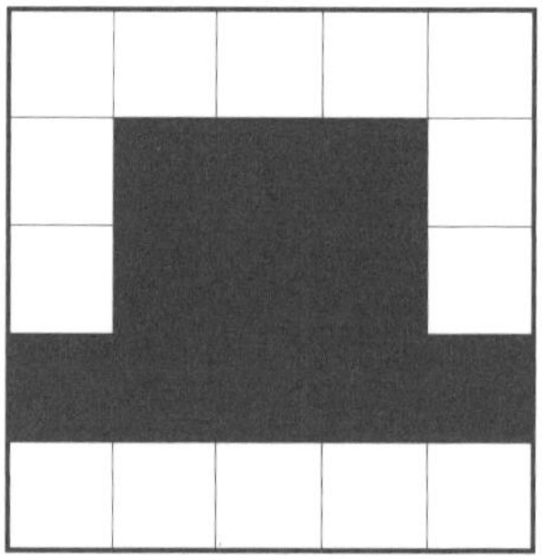

2 돛단배

3 왕관

4 우산

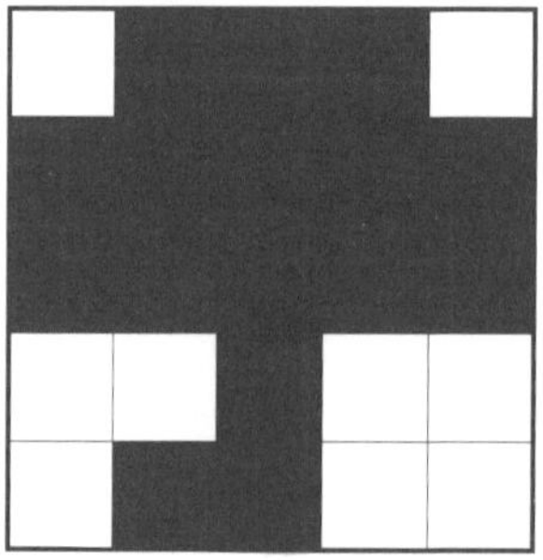

5 해파리

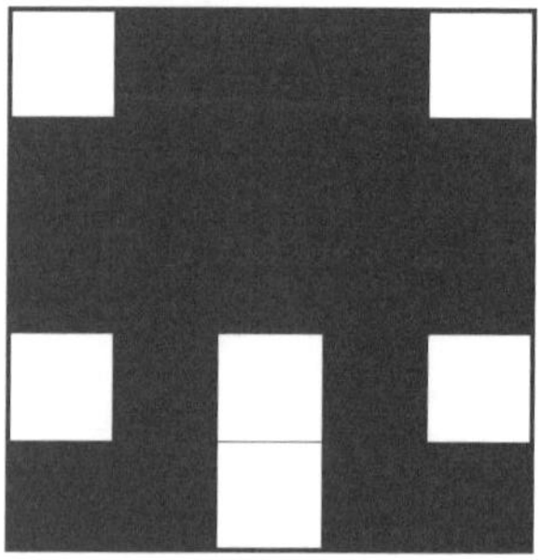

6 화살표

7 같지 않다

8 나무

9 알파벳 A

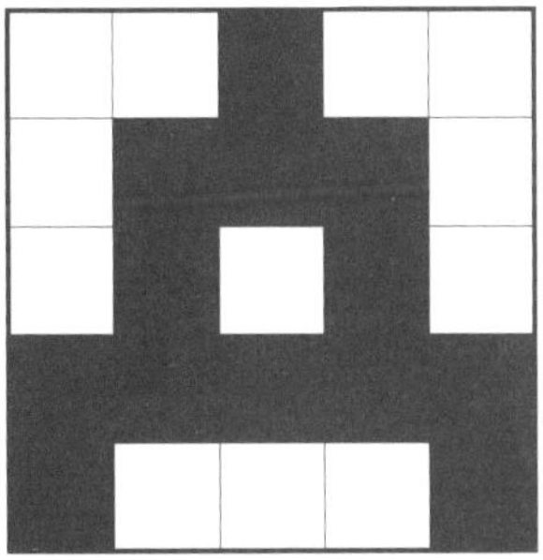

10 사람인

11 3시

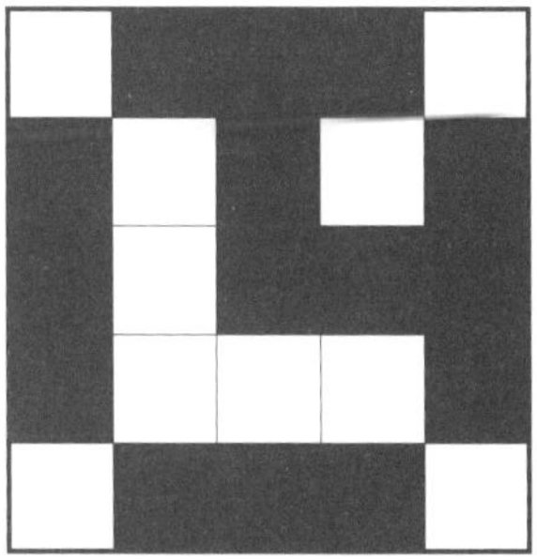

12 강아지

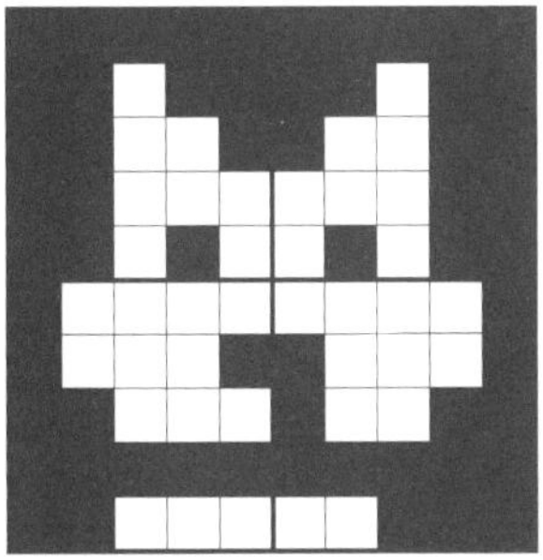

13 곰

14 네잎클로버

15 닻

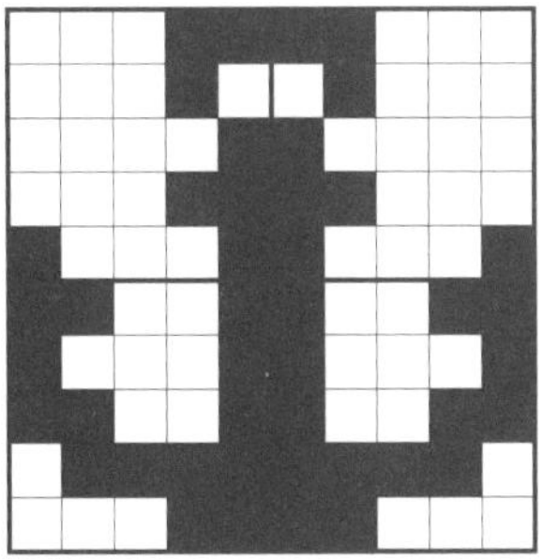

16 리본

17 반지

18 버섯

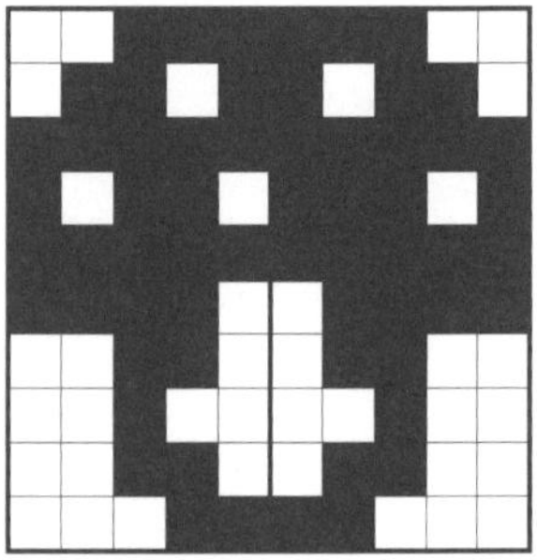

19 벙어리 장갑

20 새

21 선글라스

22 오리

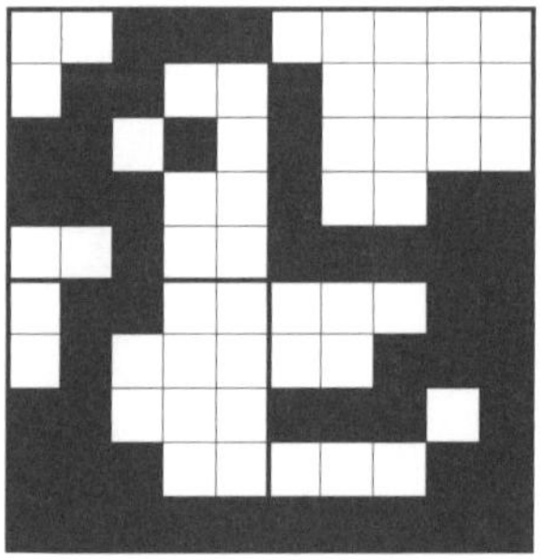

23 조각 케이크

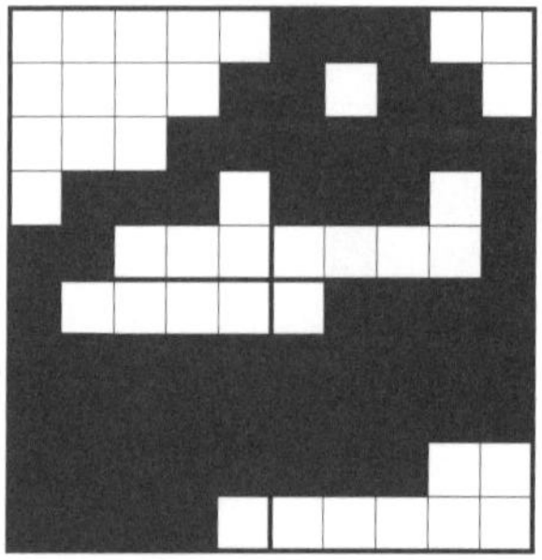

24 크리스마스트리

25 토끼

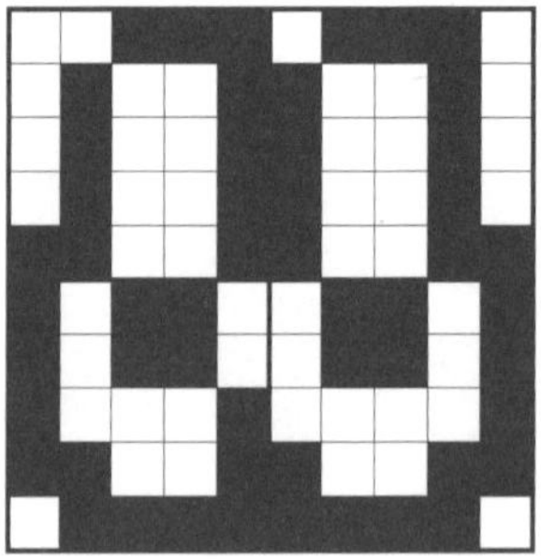

26 튤립

27 고양이 발바닥

28 주먹밥

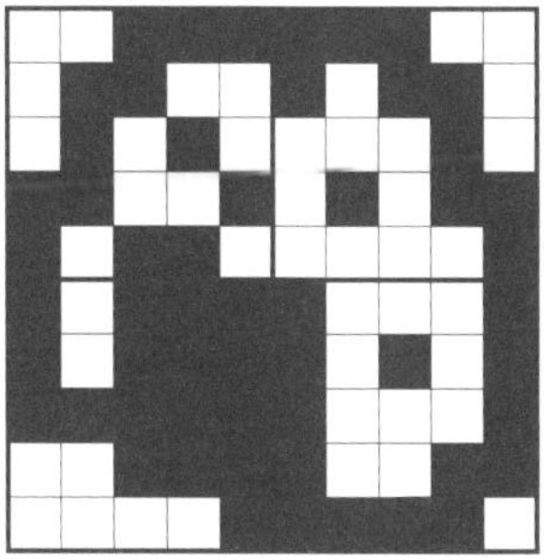

29 아이스크림

30 털모자

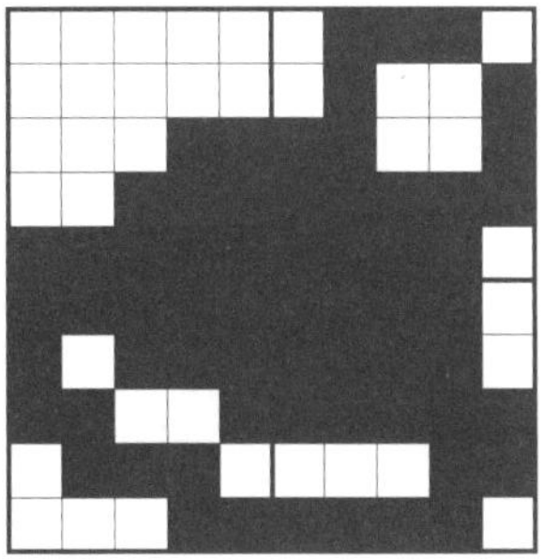

31 달과 별

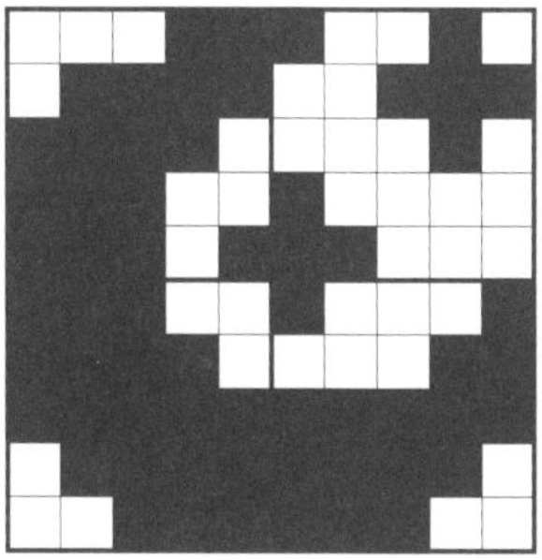

PART 8

32 고양이

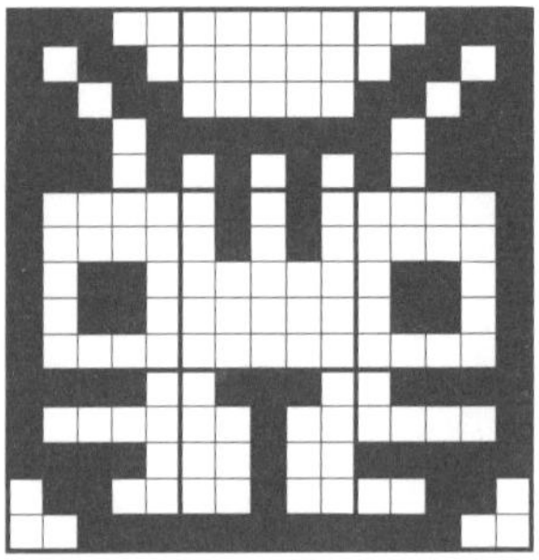

33 낚시

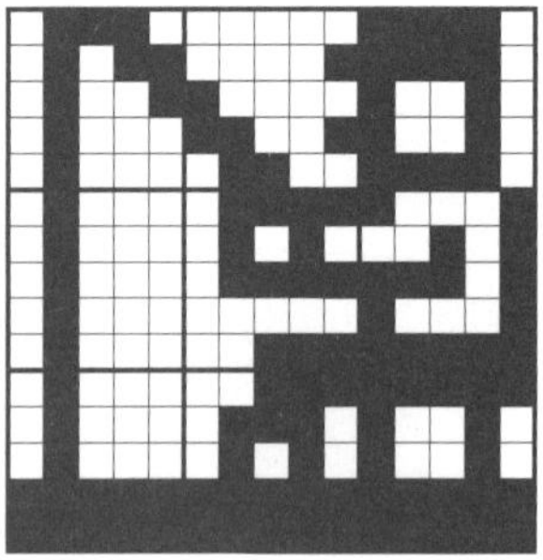

34 드레스

35 바나나

36 벌

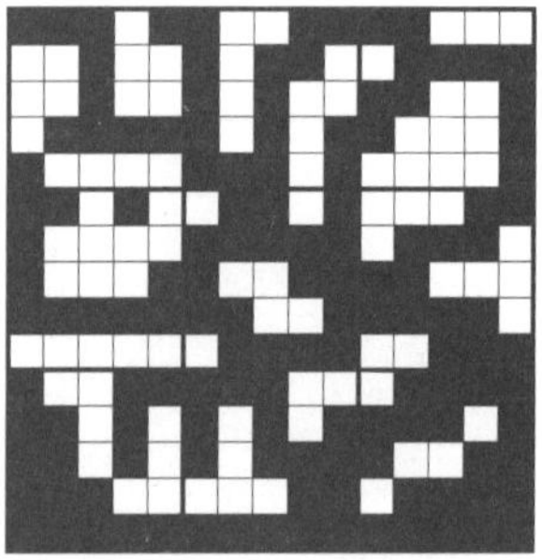

37 병아리

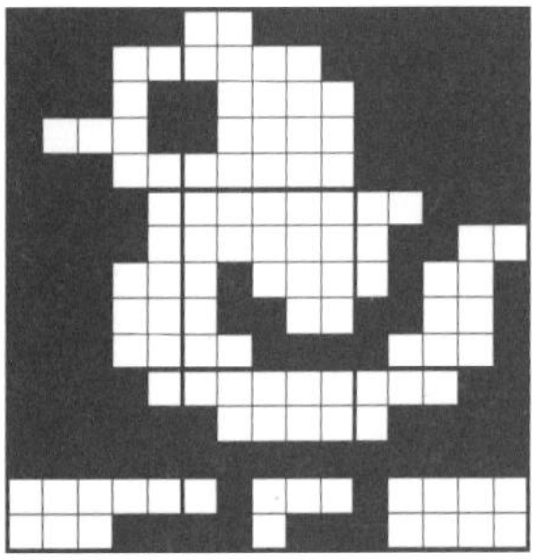

38 피망

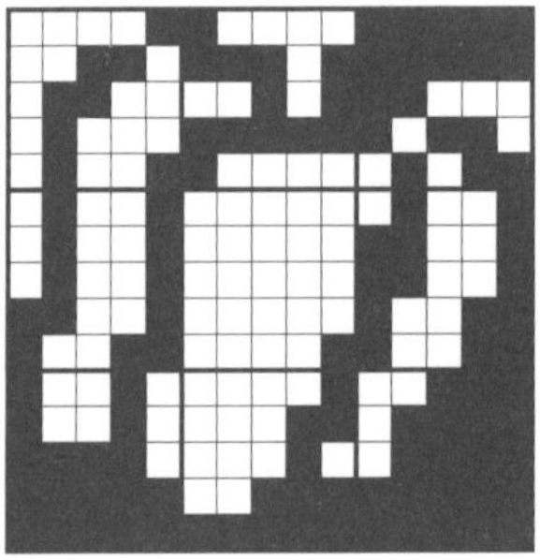

39 선물

40 책 읽기

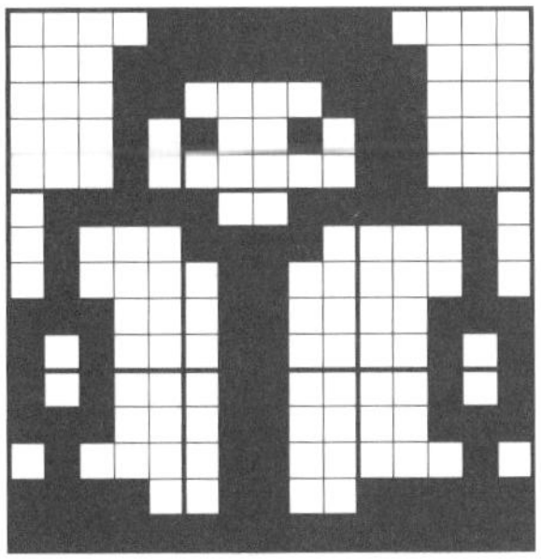

41 커피잔

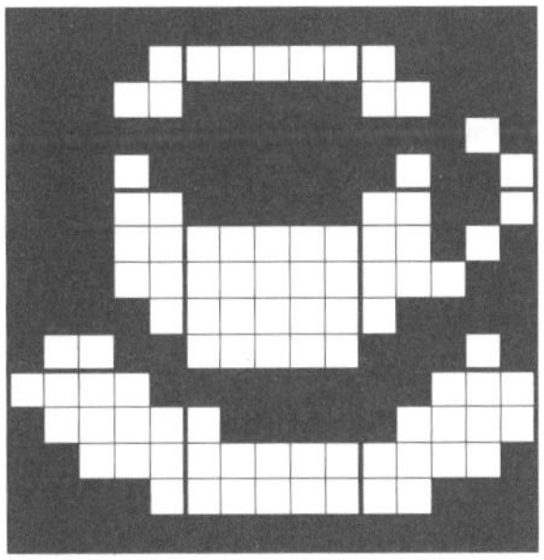

42 닌자

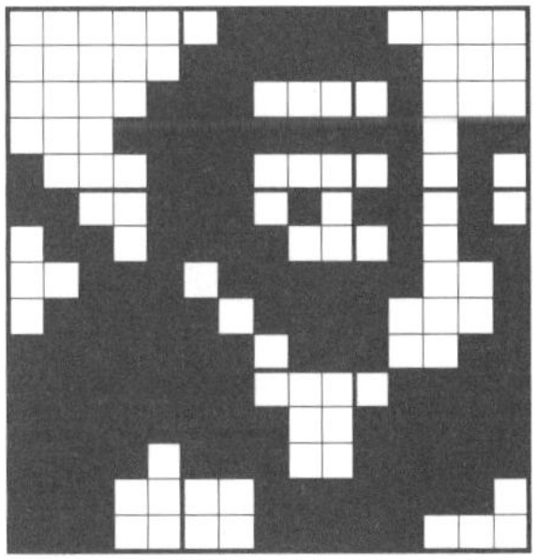

43 산타 할아버지

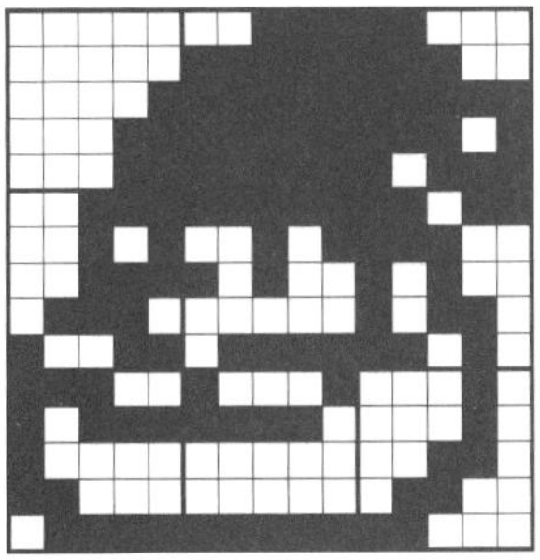

44 졸업

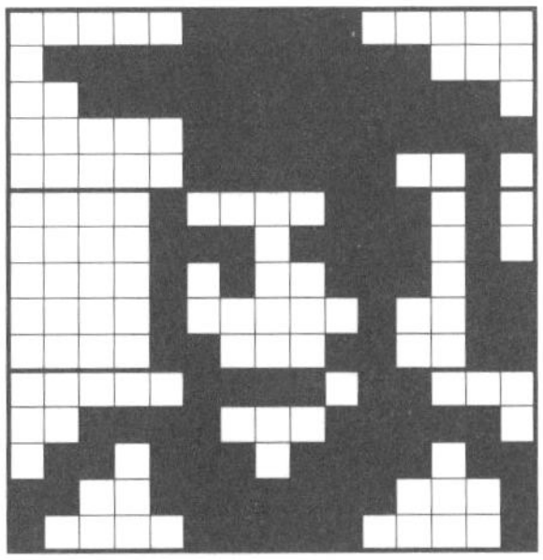

45 탁구

46 꽃

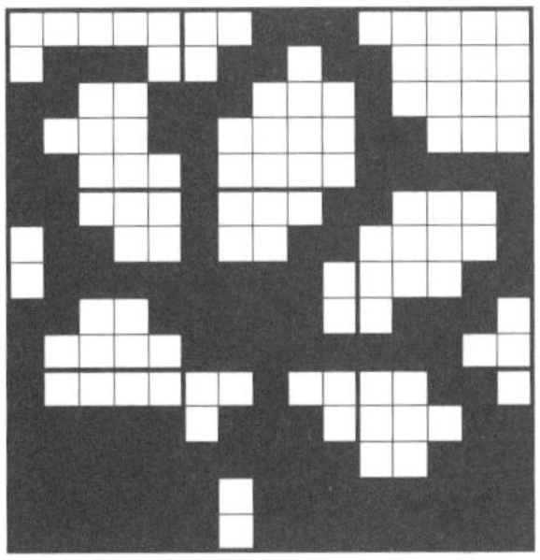

47 눈사람

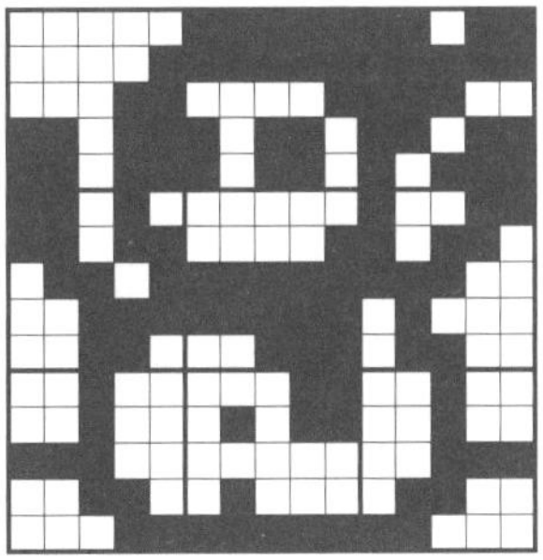

48 두더지 잡기

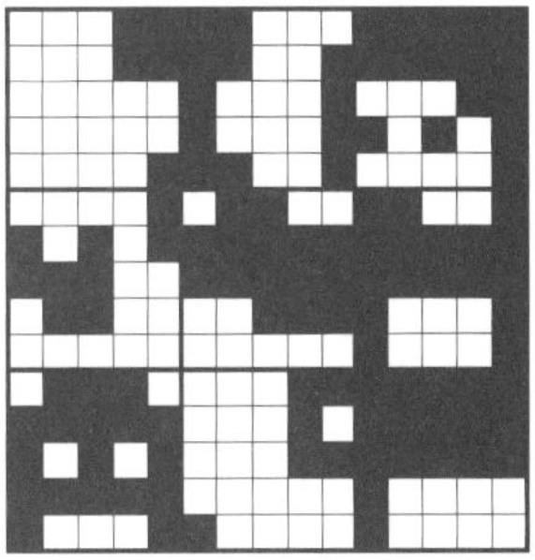

49 브이

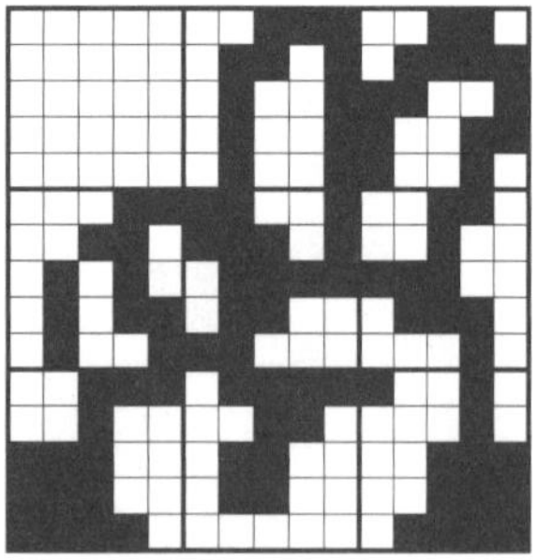

50 주전자

51 프라이팬

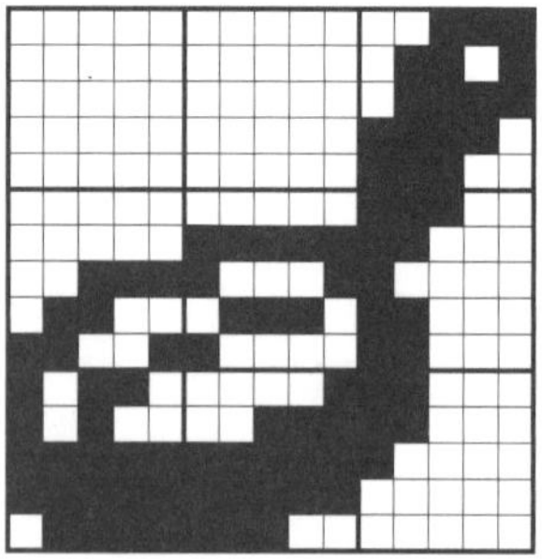

52 사과

53 하이힐

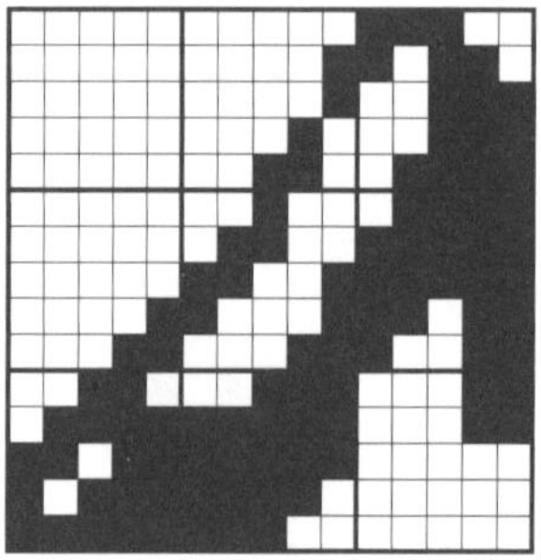

54 토끼

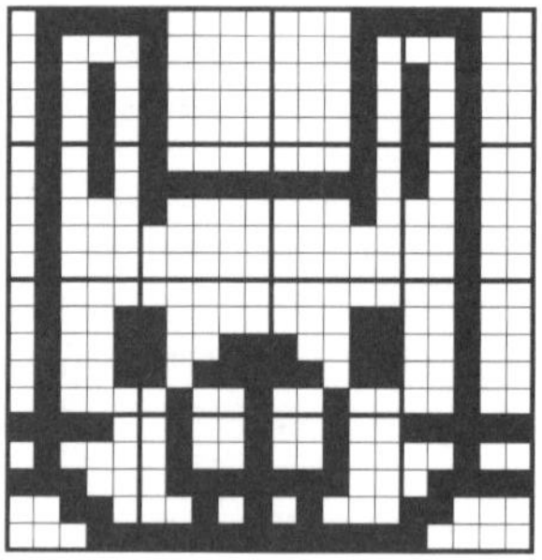

55 수박

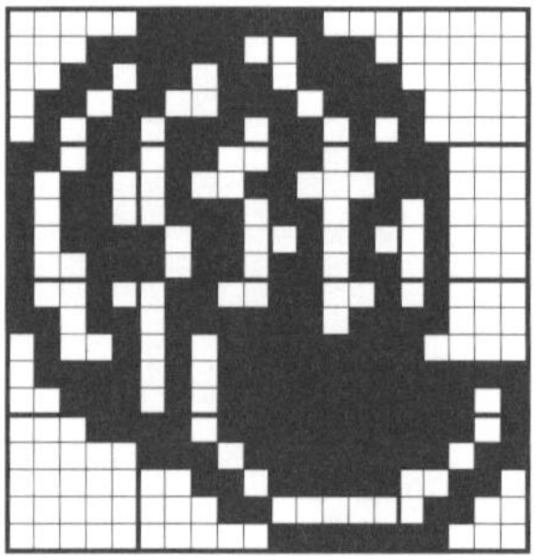

56 무당벌레

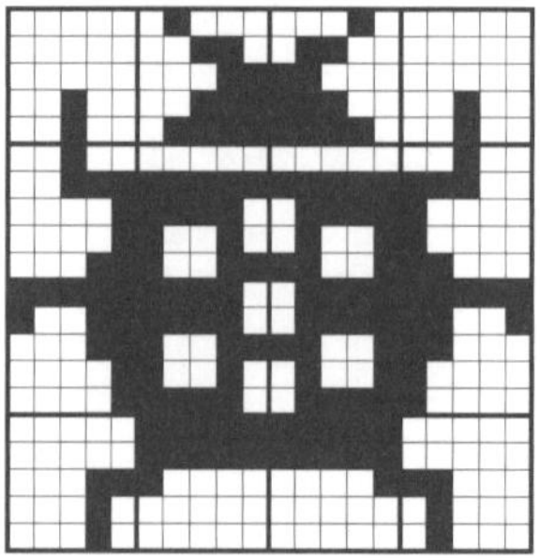

57 장군

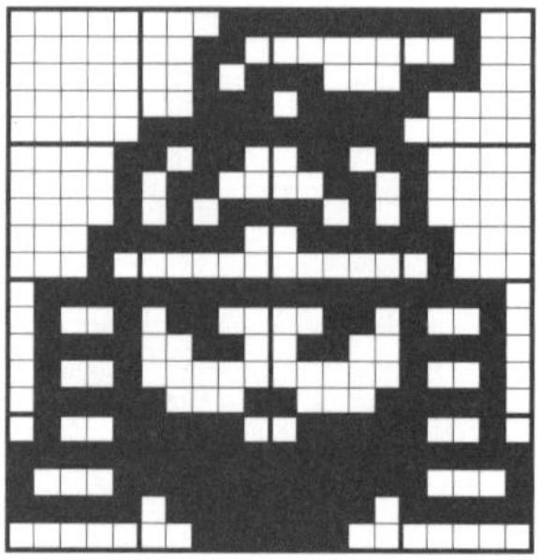

58 우주 탐사

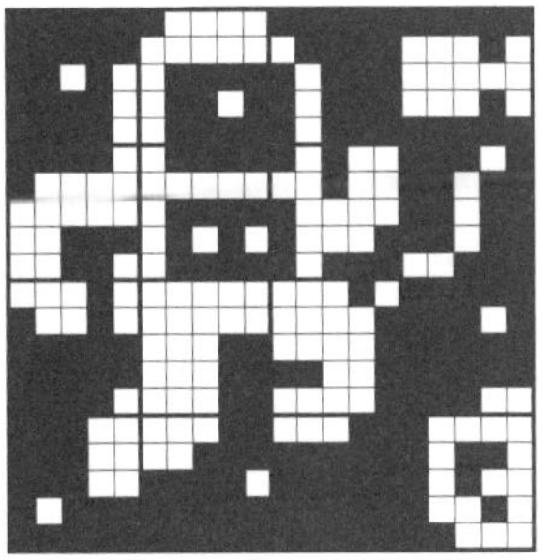

59 햄스터

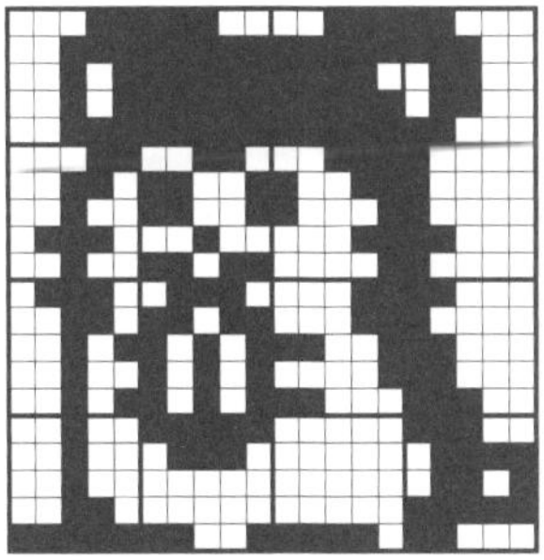

60 피아노 발표회

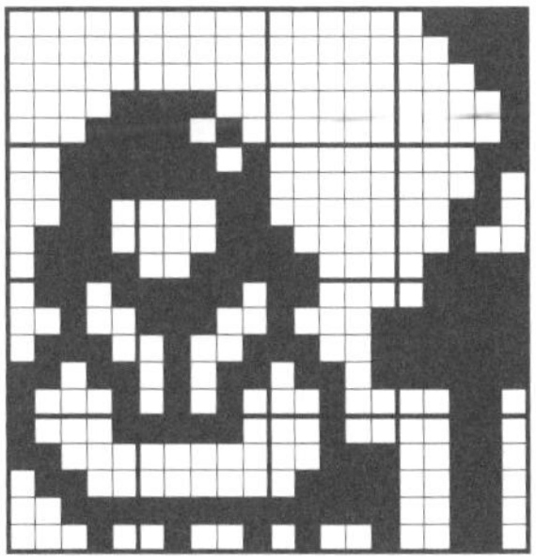

61 새싹

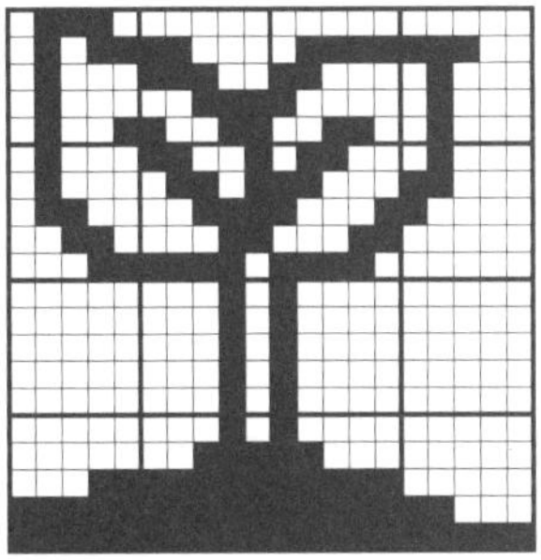

62 곤충 채집

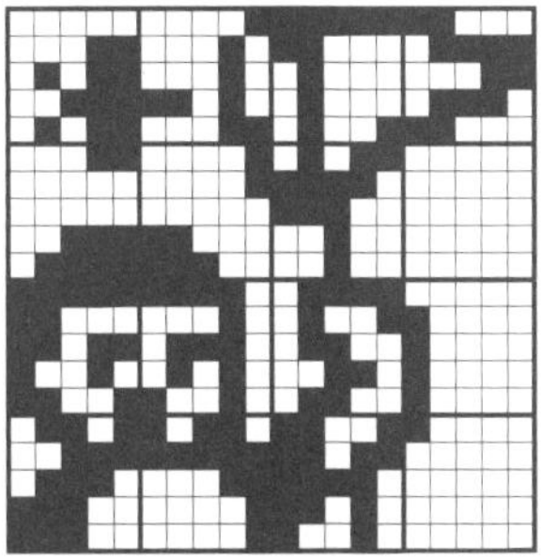

63 양궁

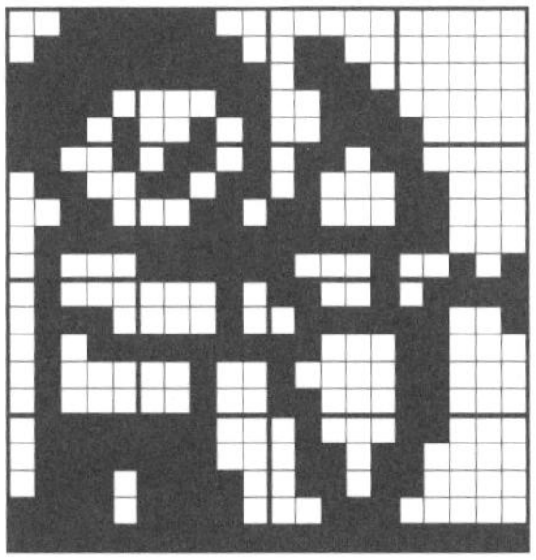

64 닭

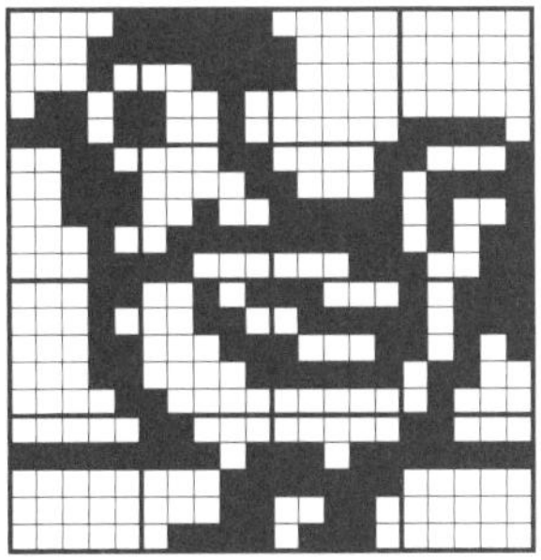

65 돼지 저금통

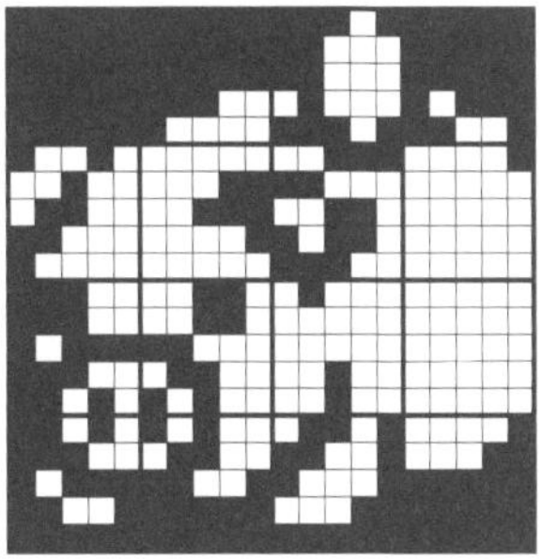

66 라면

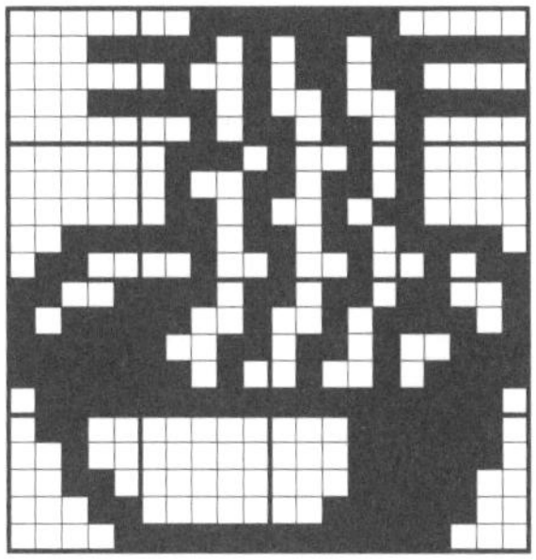

67 생각하기

68 아령하는 남자

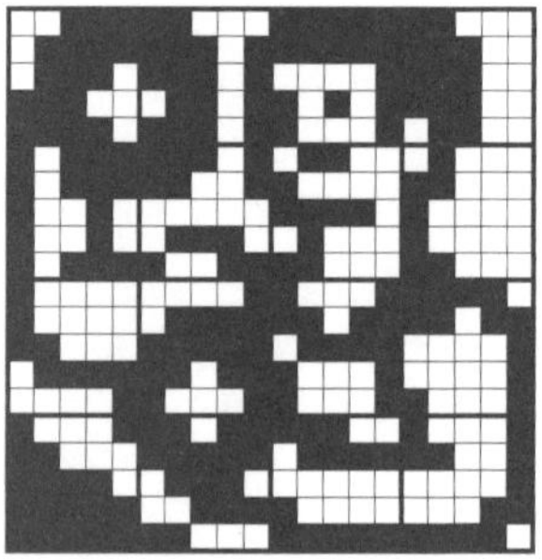

69 꽃이 좋아요

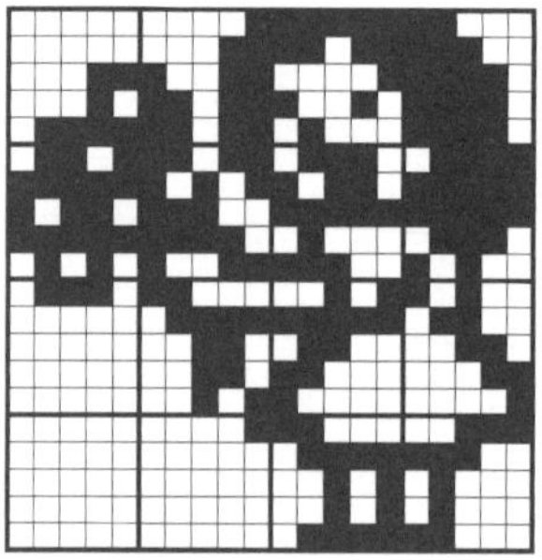

70 먼지 털기

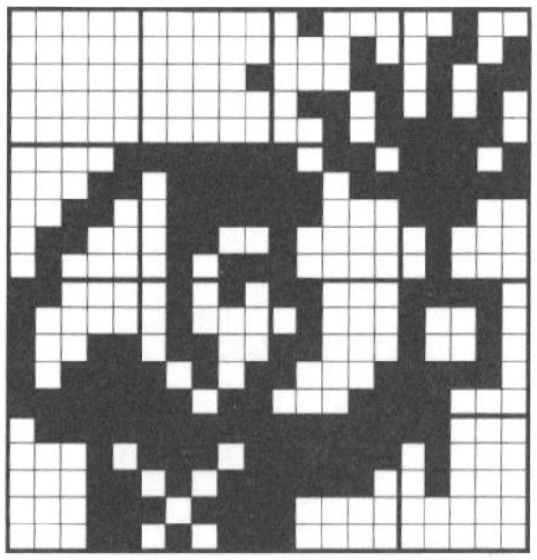

71 촛불

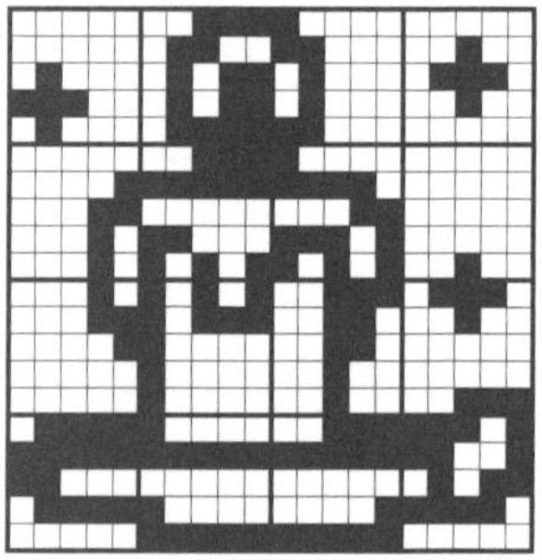

72 공룡

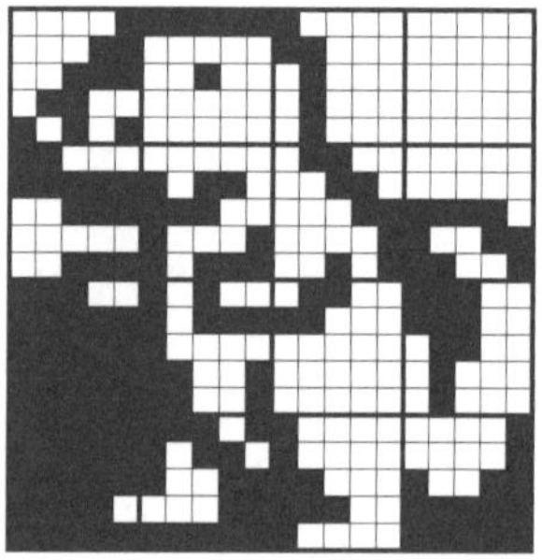

73 망치질

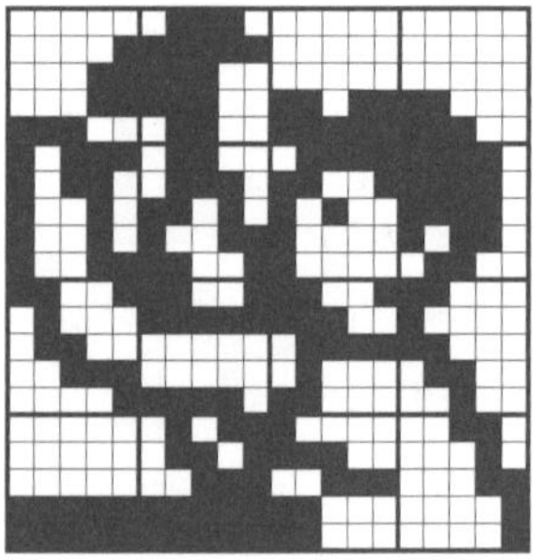

74 손하트

PART C

75 부엉이

76 귀신

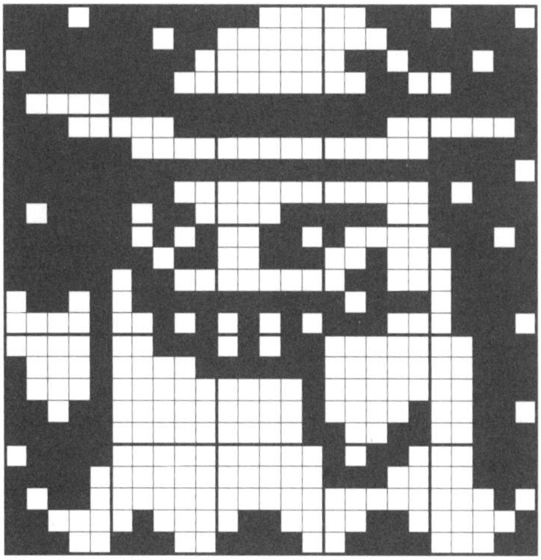

77 버섯집

78 토성

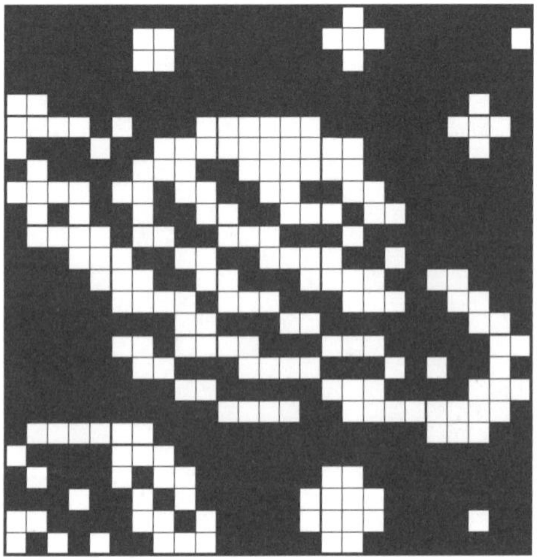

79 피노키오

80 할로윈 호박

81 허수아비

82 홍길동

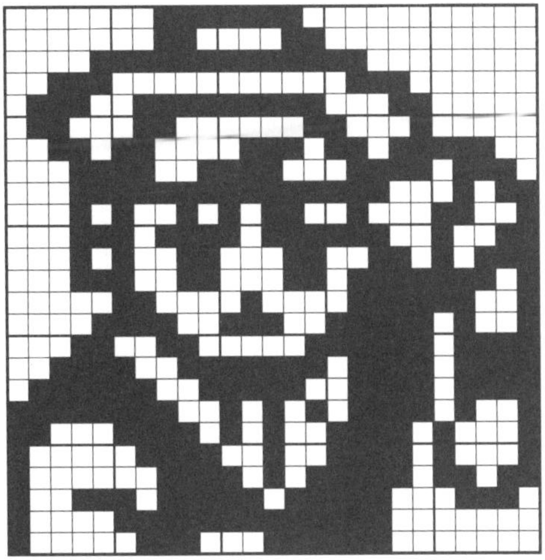

83 개미

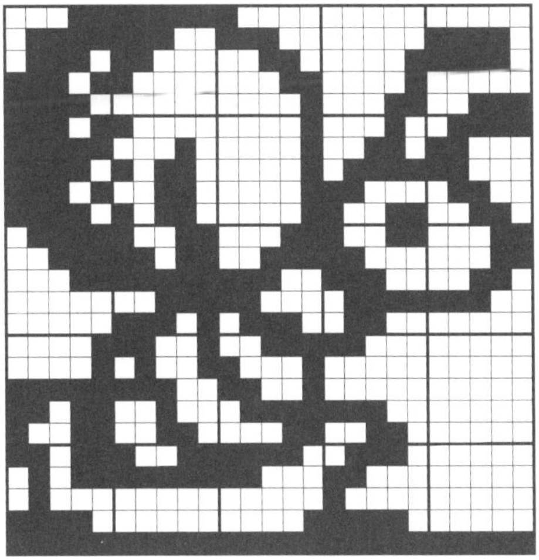

84 궁예

85 늑대

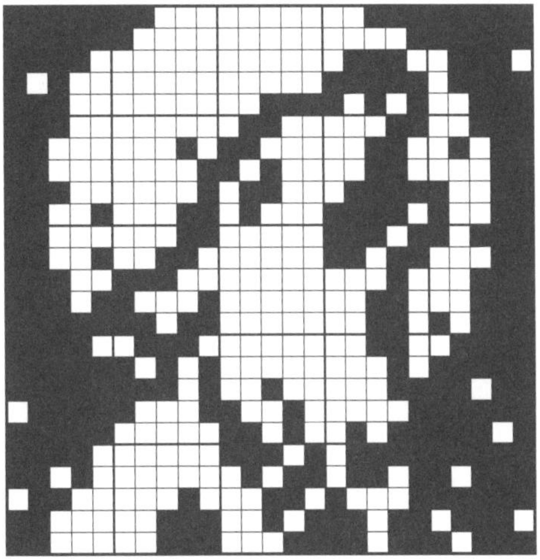

86 마법사 모자

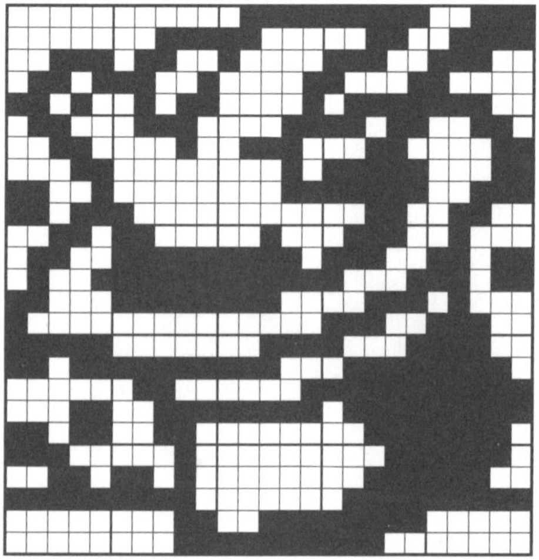

87 부채질

88 솜사탕

89 오리배

90 잘잤다

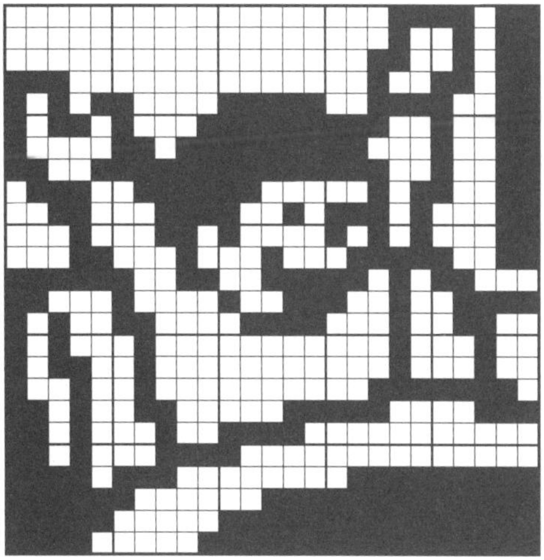

91 태권도

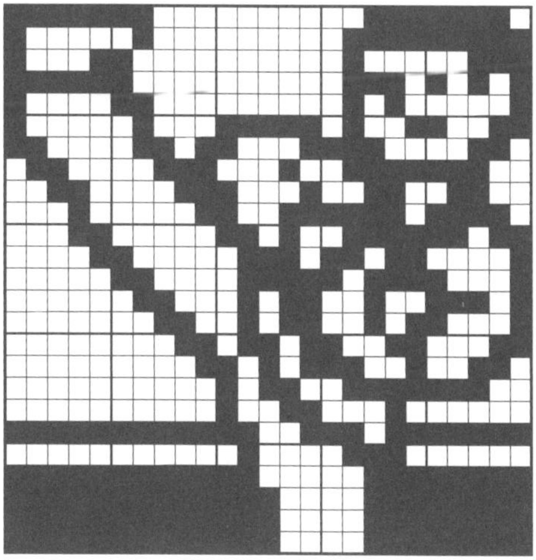

92 파인애플

93 궁전

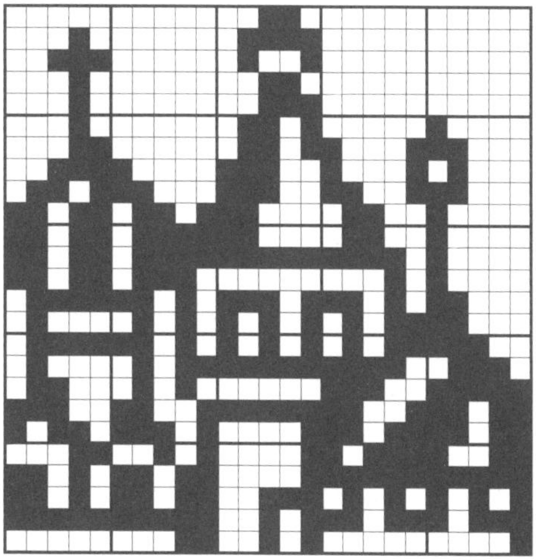

94 피자를 먹어요

95 해골

96 종이학

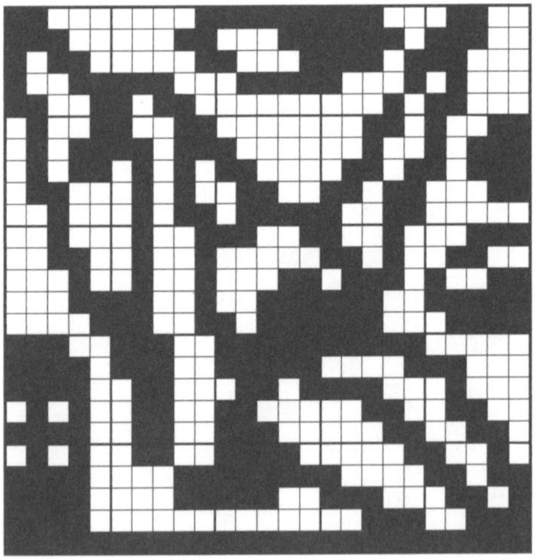

97 요가

98 희동이

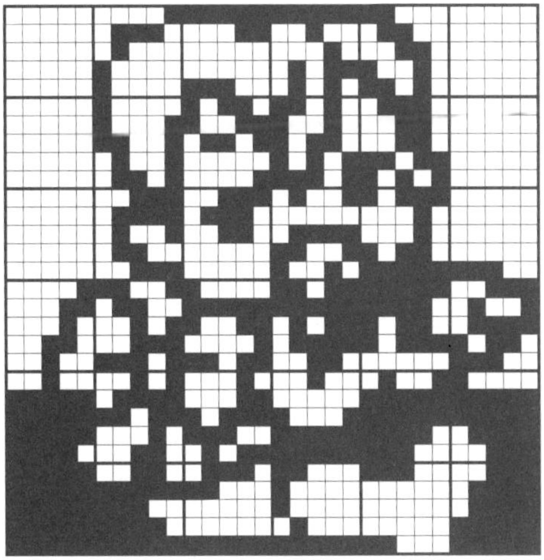

99 감기에 걸렸어요

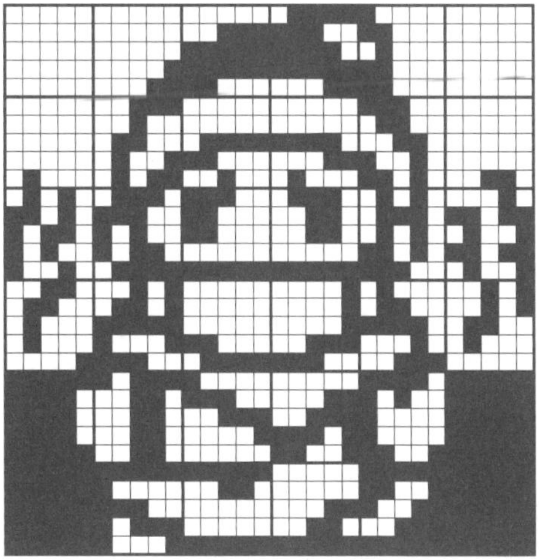

100 온천

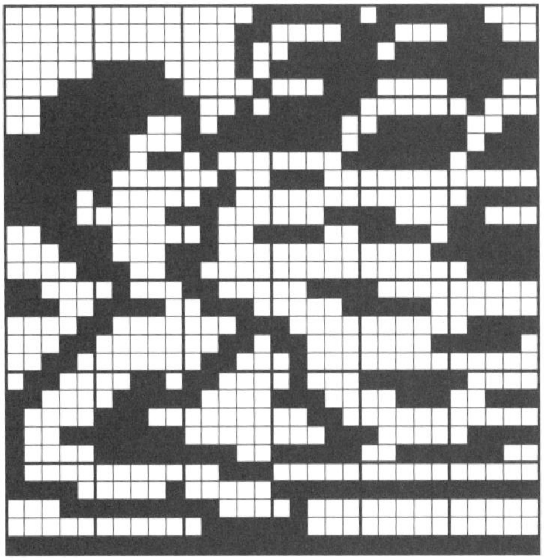

101 양철 나무꾼

102 촛불불기

103 낮잠

나도 네모 로직 작가가 될 수 있다!

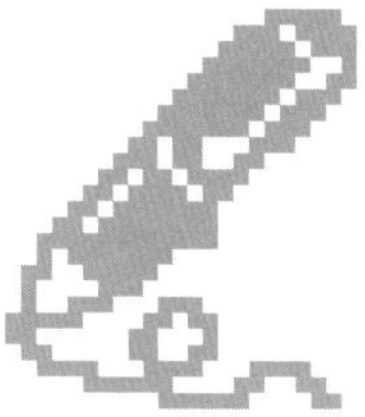

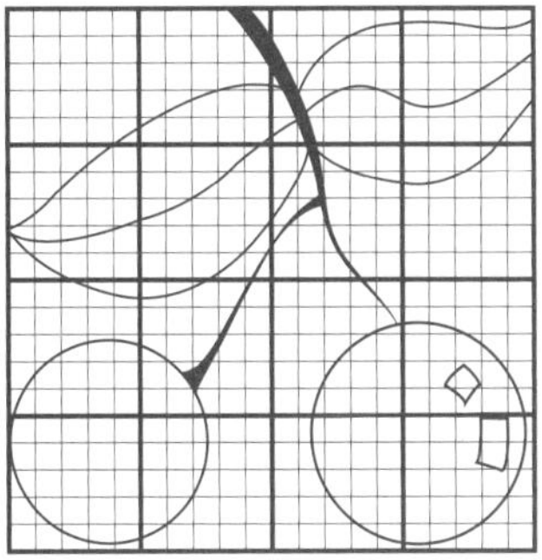

모눈종이에 그림을 그려요.
(20*20이나 25*25 크기로 만들어 주세요)

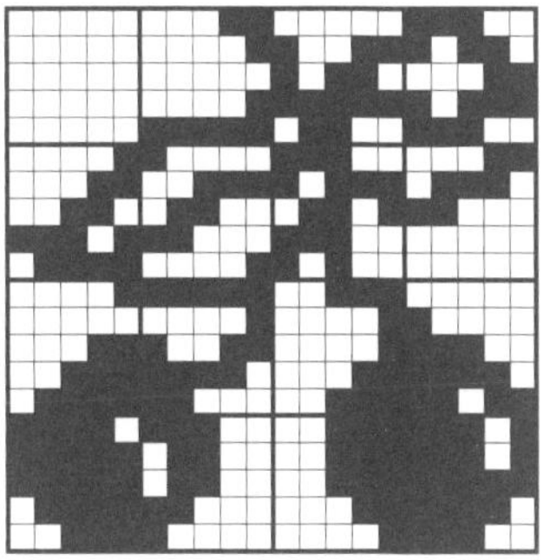

그림의 선을 직선으로 다듬으며 칠해요.

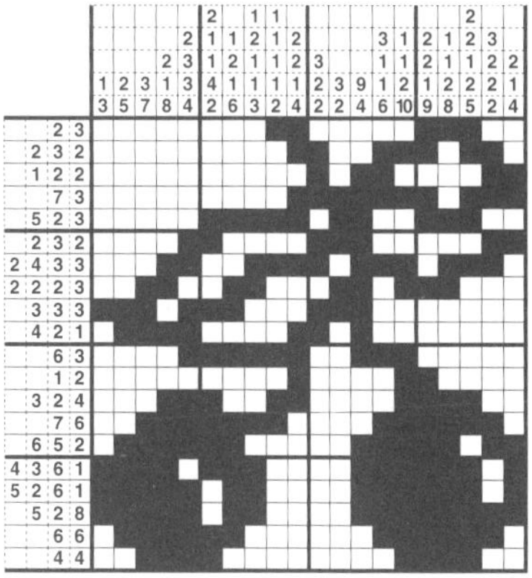

칠해진 칸을 세어 적으면 완성!

여러분께서도 <네모네모 로직>의 작가가 되실 수 있습니다.
직접 만드신 문제를 보내주시면, 선별하여 <네모네모 로직> 신간에 실어 드려요!

문제가 채택되신 분께는 <네모네모 로직> 신간 1부를 보내 드립니다.

보내실 곳 서울시 마포구 독막로 76-1 한주빌딩 5층 제우미디어

* 보내실 때는 성함/연락처/주소를 꼭 함께 보내 주세요.
* 원하시는 분에 한해 1~2줄 정도의 사연을 함께 실어 드립니다.
(책에 실리기 부적합하다고 판단되는 사연은 제외합니다)

네모네모 로직 입문편

초판 1쇄 펴냄 : 2017년 4월 7일
초판 45쇄 펴냄 : 2024년 5월 16일

편　　저 : 제우미디어
발 행 인 : 서인석
발 행 처 : 제우미디어
등 록 일 : 1992. 8. 17
등록번호 : 제 3-429호
주　　소 : 서울시 마포구 독막로 76-1 한주빌딩 5층
전　　화 : 02) 3142-6845
팩　　스 : 02) 3142-0075

I S B N : 978-89-5952-561-4
978-89-90886-83-5(세트)

※ 값은 뒤표지에 있습니다.
※ 파본은 본사나 구입하신 서점에서 교환해 드립니다.

만든 사람들
출판사업부 총괄 손대현
편집장 전태준 | **책임편집** 홍지영 | **기획** 최현준, 이경인, 장윤선, 박건우
영업 김영욱, 박임혜 | **제작** 김금남 | **문제 디자인** 나영 | **표지 · 내지 디자인** 디자인수